「ギフト商品」を通販で売る

売上3倍・利益10倍に伸ばす戦略

売れるギフト通販研究所主宰
ソーノカスタマーマーケティング株式会社代表取締役
園和弘

同文舘出版

まえがき

私はこれまで、長年にわたってギフトおよび通販の実務に携わってきました。そこで得たノウハウを「中小企業の通販ビジネスに役立ててもらいたい」という強い思いから、コンサルタントの道を選択し、現在に至っています。

本書は「ギフトをもっと売れるようにして、通販事業を飛躍させたい」「新たな柱としてギフトを本格導入すれば、もっと売れて儲かるかもしれない」「ギフトの世界はわかりづらいので、もっと知識を得たい」といったことを望まれている方に向け、図や事例を交えて解説したものです。ギフト業界やネット通販にさほど詳しくない方にとっても、すぐに現場の実務で活用していただけるよう、わかりやすく書くことを心がけました。

最大の特徴は、「独自商品の開発」を軸に解説している点です。リソースの限られた中小企業で、ギフトを1つの大きな通販戦略とするためにまず重要なのは、売れて利益も出るギフト商品をどう作るか、にあります。本書では、そのために知っておいていただきたい、ギフト特有のことについて、さまざまな販売実務にも絡めて解説しており、内容のほとんどは、私自身のマーチャンダイザー、コンサルタントとしての実務経験から導かれた独自の見解です。よって本書には、一般的な通販コンサルティングやセミナーでよく登場する、流行りのウェブマーケティング施策は一切出てきません。また、ギフトのマナーや基礎知識といった、ネットで調べればわかることにも触れていません。その代わり、私自身の成功と失敗からの学びも含めた、机上の空論ではない、現場の知識と知恵が詰まっています。これは今後も変わることのない、普遍的な内容であると自負しています。

通販ビジネスにおけるギフトの位置づけは、一般的な通販の一部として軽く扱われてきたというのが私の実感です。そのせいか、ネット通販が全盛の今も、通販関連の書籍はたくさん発行されていますが、「ギフト商品を通販で売る」ことを解説した書籍はこれまでありませんでした。ギフトを贈るという行為は、人と人との絆を保ち、強くするためのもの、人の生活に欠かせないものです。そのためのギフトのビジネスは、軽視されるべきものではないのです。

そして、通販事業を木にたとえるなら、施策は花を咲かせる枝葉であり、その枝葉を支える木の幹が商品、すべてを支えるために力強く張る根が企業やお店、そしてそこで働く人であると、私は考えています。根と幹を強くすることができてはじめて、さまざまな施策が力を発揮します。だからこそ、まず商品やサービスの提供者（企業、お店、生産者）と、そこから生み出される商品の強さこそが、施策や販売の打ち手の前に重要なのです。

本書が、通販事業の発展・成長・成功の一助となれば、これにまさる喜びはありません。

まえがき

1章 なぜ通販に「ギフト」を導入すべきなのか？

2章

「ギフト通販」ビジネスのキモを理解する

3章

売れる「ギフト商品」を企画開発する

4章

経営効率を最大化する「ギフト通販」の品揃え

5章

お客様を迷わせない 注文しやすい販売サイト作り

6章

売上3倍・利益10倍にする組織体制作り

カバーデザイン　小口翔平＋保延みなみ（tobufune）
本文デザイン・DTP　草水美鶴

1章

なぜ通販に「ギフト」を導入すべきなのか？

1

成長し続けるネット通販市場

インターネットの普及・発展とともにEC（Eコマース＝電子商取引）が急速に増え、ネット通販という言葉を耳にしない日はほとんどない時代になりました。

小売市場で唯一右肩上がりのECが牽引する通販

ECの黎明期と言われるのが1990年代後半です。1996年に楽天市場が、1999年にYahoo!オークションが登場し、2000年にはAmazon上陸と大手EC事業者が相次いで誕生しました。そして2017年、この3社の売上合計は6・7兆円、ついに百貨店売上の6・6兆円を追い抜きました。パソコン、インターネット、スマホなどモバイル端末の急速な普及で成長はさらに加速し、現在、日本のEC全体で16・5兆円もの取引額に増え続けています。

2017年にネット通販を利用した世帯（2人以上）の割合は34・3％と前年より6・5ポイント上昇し、1世帯あたりの毎月の消費額がはじめて1万円を超えました。

参入企業が増え、競争が激化

従来、通販は他の小売業にない独特の運用システムや多額の広告宣伝費を必要とするビジネスモデルであったため、多くの企業が通販専業で取り組んでいました。その後、楽天市場のようなモール型ECサイトが登場したことで、小規模メーカー、生産者、商社、問屋、リアル店舗を持つ小売業や飲食業、さらには異業種の大手企業までも簡単に参入できる時代となりました。楽天、Yahoo、Amazonの主要3社に出店する事業者数だけで60万を超え、その他独自サイトまで含めると、ネット上での競争は激化の一途をたどっています。

BtoC ECの市場規模およびEC化率の経年推移

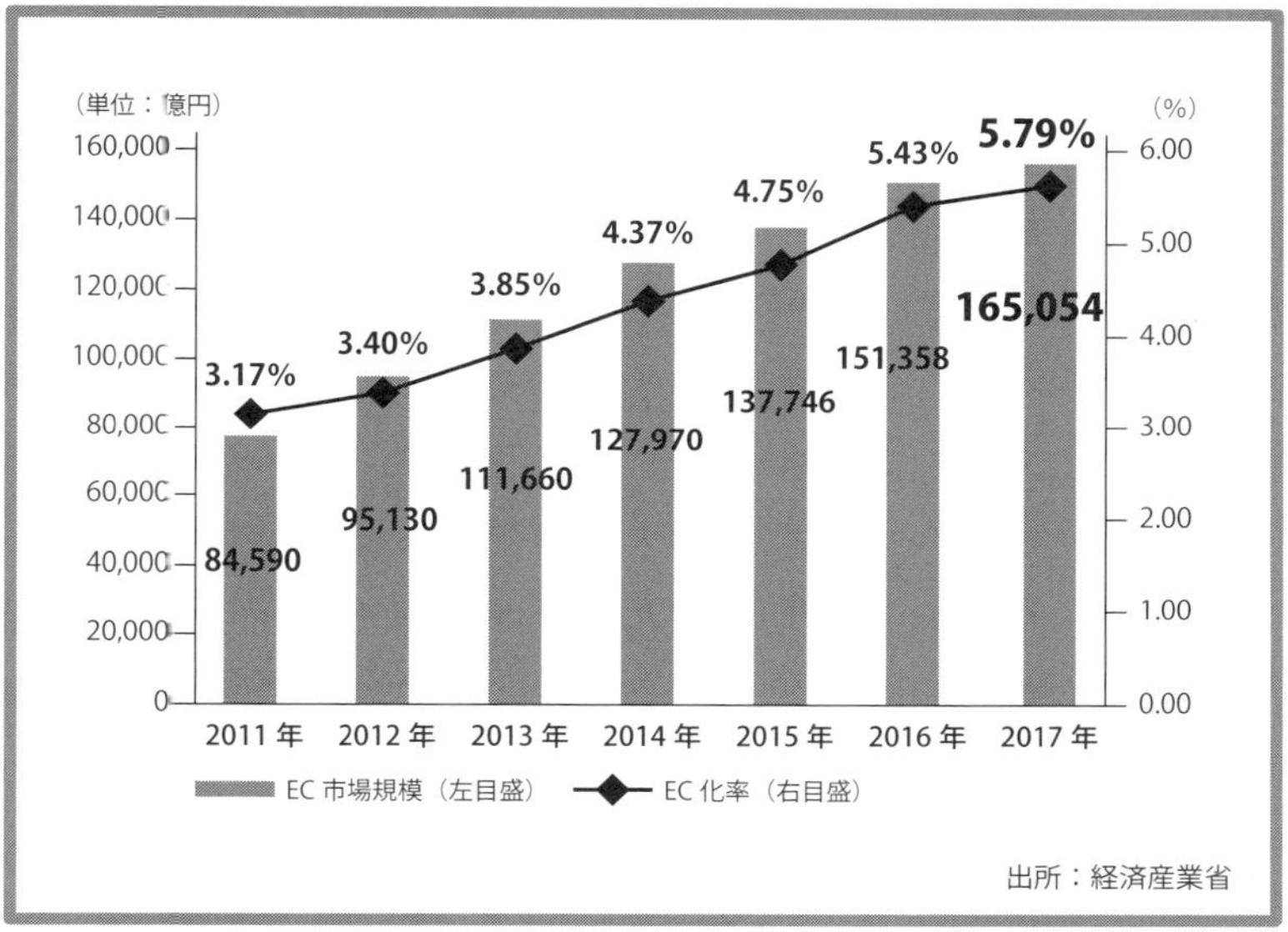

2017年の商業販売額

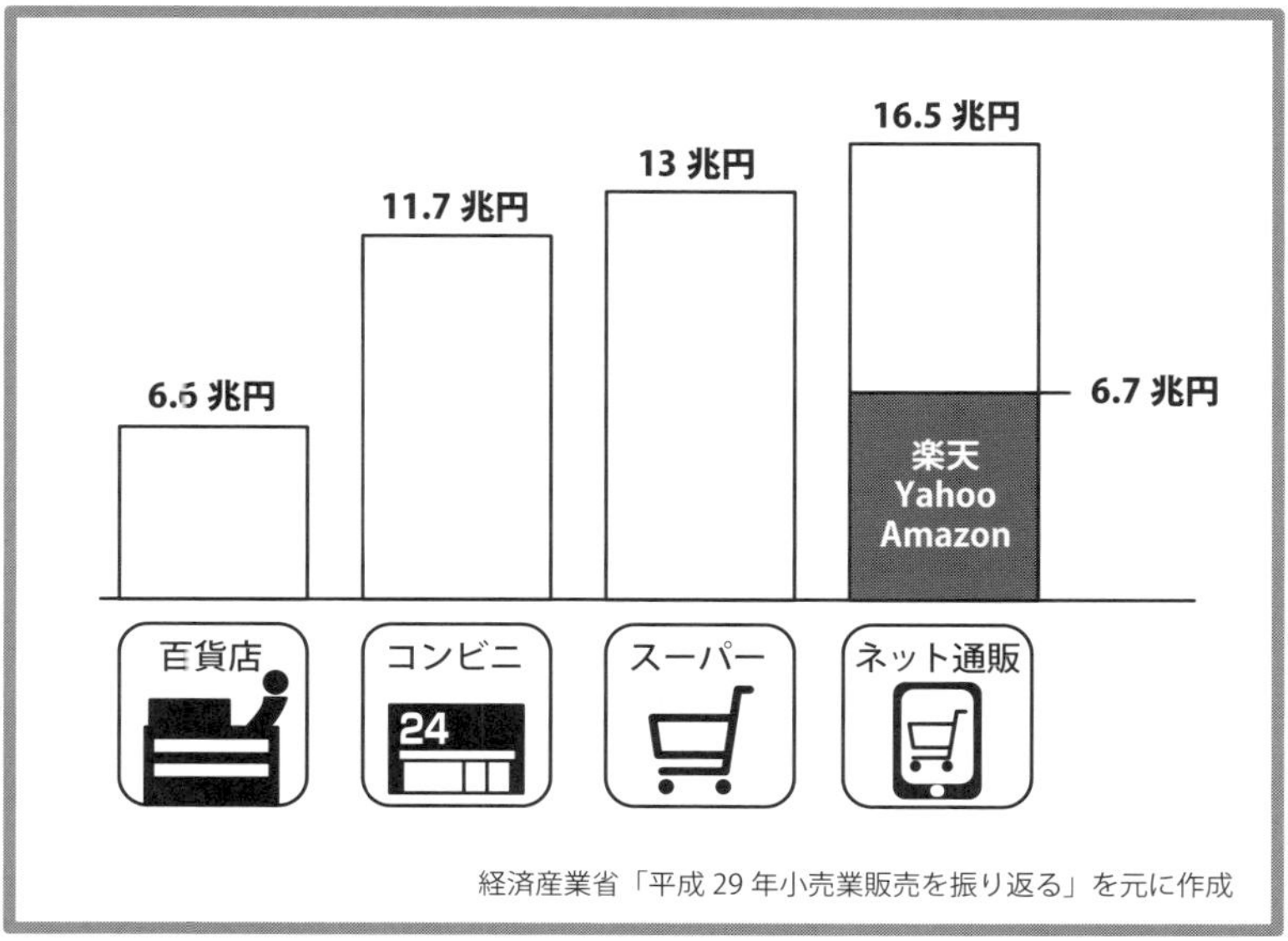

市場動向とギフトの特徴

2 ギフト市場は10兆円を超える巨大なマーケット

ギフト市場は伸びている

一般的にギフトと聞いてまず思い浮かべるのは、お中元・お歳暮ではないでしょうか。プレゼントといえば誕生日やクリスマス。誰かに何かを贈る行為は、有償であれ無償であれ、すべてがギフトです。

日本ではお中元・お歳暮のような儀礼的なギフトが古くから数多く存在しています。昨今の時代背景や文化に合わなくなってきているものが多いため、斜陽産業に見られがちな側面もあるのですが、左の図にある通り、マーケットとしては実は10兆円を超えています。右肩上がりとまではいきませんが、今も全体としては増え続けているのです。

ギフトの種類

ギフトは「パーソナルギフト（個人間でのギフト）」と「法人ギフト」に大別されます。

パーソナルギフトは、さらに「フォーマルギフト」「カジュアルギフト」の2つに分かれます。フォーマルギフトとは、お中元・お歳暮など儀礼的なギフトを指すのに対し、カジュアルギフトとは、家族・友人・知人などプライベートでも親しい人への手みやげやちょっとしたお礼、誕生日プレゼント、母の日や父の日、誕生日やお祝いなどハレの日のギフトといったものを指します。

ギフト市場約10兆円のうち、パーソナルギフトが約6兆円を占め、ここ10年以上、儀礼的なものよりも、身近で親しい人への贈り物がギフト市場全体の伸びを大きく押し上げる要因になっています。

ギフト市場規模推移と予測

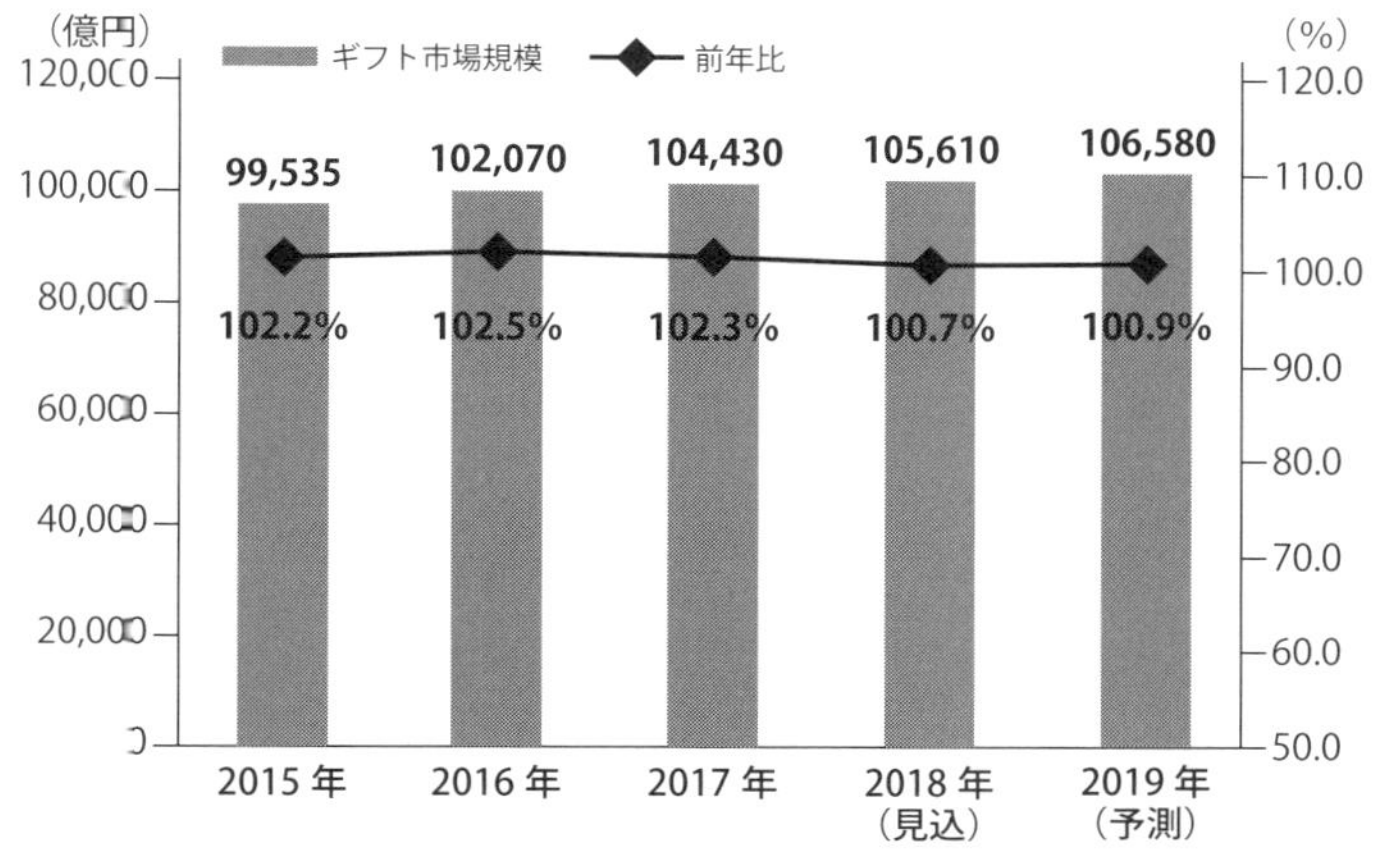

出所：矢野経済研究所

ギフトの種類別内訳

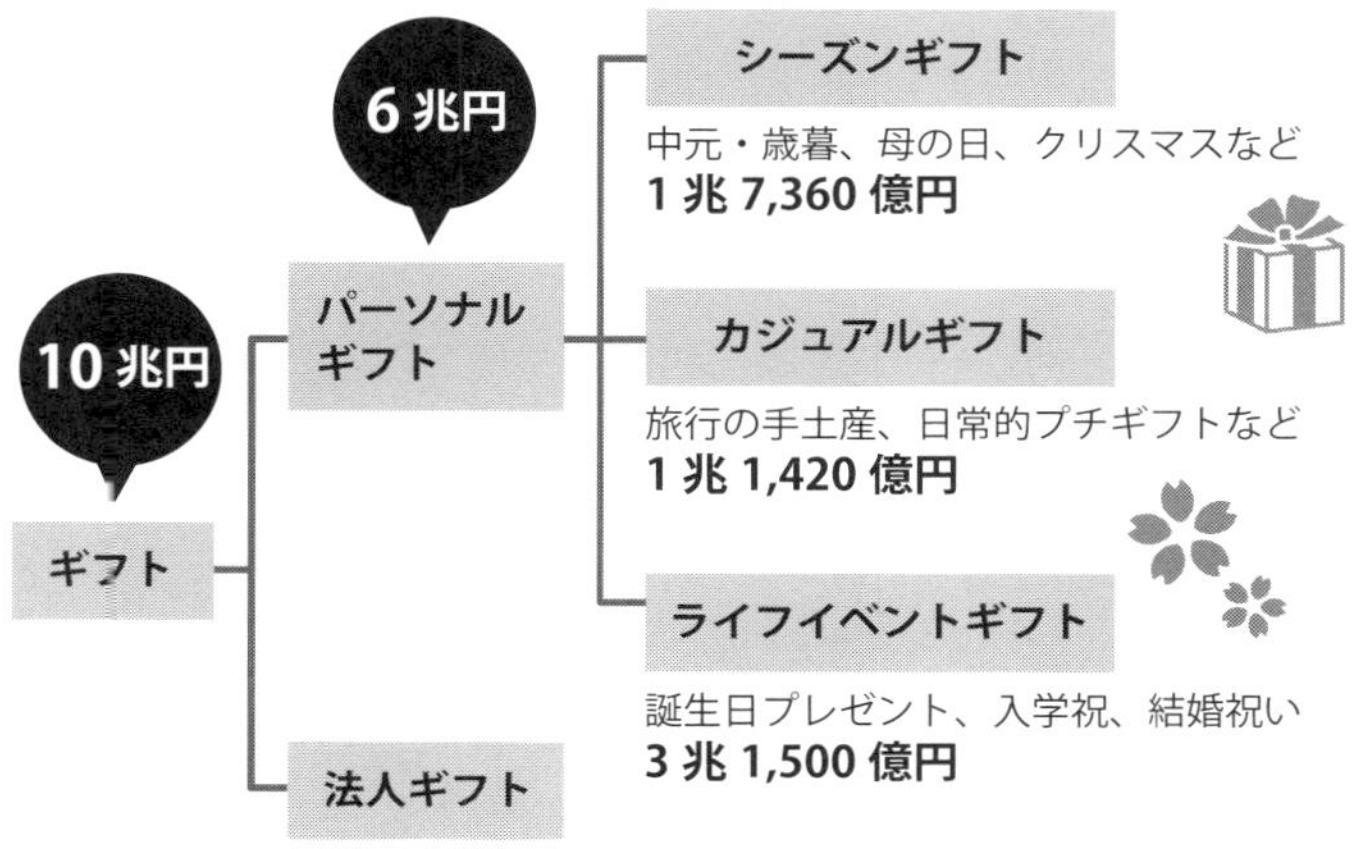

DNP「日常生活ギフトの実施状況に関する調査」を基に作成

市場動向とギフトの特徴

3 ギフトをネット通販で売るメリット

ＥＣ市場の競争が激化する中、私がお勧めしたいのは、「ネット通販ビジネスに『ギフト』を取り入れる」ことです。

なぜ、ギフトがいいのか？　それは、成長・成熟しつつあるネット通販の中で、「ギフト」にはまだ大きな市場余地があることです。左の図にあるように、ネット通販全体のうち、ギフト用途での買い物は４％ほどにすぎません。この比率を50％まで高めることは難しくても、10％に伸ばすことは、十分可能とみています。

ギフトこそ、購入時に検索する

何を贈ればいいか悩んでいる人がネットで検索し、そのままネットで購入する可能性が高い点も商機と言えます。あなたも「母の日　ギフト」等のキーワードで検索をした経験がないでしょうか？

自分が使うわけではないからこそ、購入時に悩むのがギフトです。「気の利いた商品を探したい」「今、人気の商品を知りたい」という気持ちから、ネット検索する人が多くいることは、誰でも実感できることでしょう。

一方で、「人に贈るものだからこそ、自分の目でたしかめてから買いたい」と、通販に二の足を踏む気持ちもあるでしょう。

そこで大切になるのが、安心感・信頼感です。「この店（ネットショップ）で買うのは不安だ」と少しでも感じさせることがあれば、購入には至りません。

そこで鍵となるのが、安心感・信頼感があり、抵抗感なく購入できる商品と販売サイトを作ることです。具体的な手法は３章以降でお伝えしていきます。

ネットショッピング支出金額（二人以上の世帯）

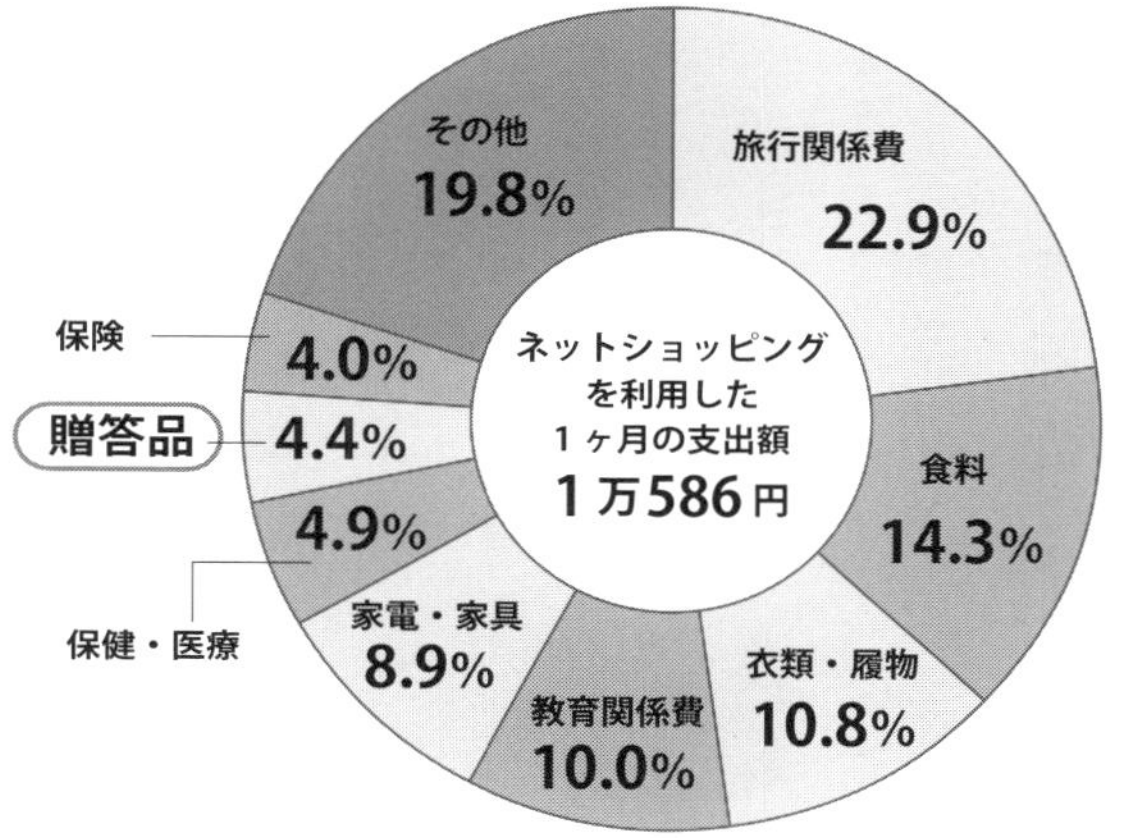

出所：総務省「家計消費状況調査年報」（2017年）を元に作成

市場動向とギフトの特徴 4

ギフトなら売上・利益が作りやすい

ギフトなら、自家需要に比べ何倍ものビジネスチャンスを作ることができます。

自家用の商品なら、消費者は欲しい時に欲しいものを買うので、購買動機、購買時期が不安定です。「モノは十分に揃っているから、これ以上は必要ない」と考える人も多く、売上を伸ばしにくいのが一般的です。

一方のギフトでは、左の図にあるように、贈り物をするべき機会が多々あります。そうしたギフトシーンに合わせて商品やサービスを提案することで、売上を積み上げ、年間購入金額を増やすことができるのです。「値段が安いから買う」「セールだから買う」といったことも、ギフトにはありません。価格競争に陥ることも少なく、安定的に利益を積み上げることができるのも、大きなメリットです。

複数購入につながりやすい

自家需要だと基本的に1つしか買わないところを、ギフトの場合、特にお返しの場面では複数の商品が買われるケースが多いのも魅力です。出産祝いや結婚祝い、新築祝い、結婚記念日、入学祝い、進学祝い、就職祝い、昇進祝い、定年祝い、還暦祝い、長寿祝い（米寿など多数）、快気祝い、お見舞い、開店祝い、開業祝いなどのギフトには、ほとんどの場合、お返しとなる「内祝い」が対で発生します。

法人向けのギフトもしかりです。個人用に販売しているビジネス手帳に、法人の名入れサービスをすることで、１００個、２００個という多数の注文にもつながります。忘年会やビジネスでのパーティー、町内会によるイベント、成約記念などの企業キャンペーンといったものも、大きなギフトシーンの1つです。

さまざまなギフトシーン

シーズンイベント

- 1月 年賀・成人の日
- 2月 バレンタイン
- 3月 ホワイトデー
- 4月 入園・入学、就職
- 5月 母の日
- 6月 父の日
- 7月 お中元
- 12月 お歳暮、クリスマス など

年間 20回以上

ライフイベント

誕生日、結婚式、結婚記念日、お宮詣り
新築、引っ越し、法事法要
長寿のお祝い
（還暦、古希、喜寿、傘寿、米寿、卒寿、白寿） 7回
結婚記念日
（1周年目～15年目までは毎年、20年、25年、30年～75年目） 25回

ビジネスイベント

年末年始得意先回り、開店開業、周年、歓送迎会
創立記念、ノベルティなど

5

将来も有望な注目ギフト

ギフトイベント 母の日・父の日

母の日は、シーズンイベントの中でも大きな市場であり、ここ数年も伸長を続けています。身内・親族に贈る代表的なギフトシーンで、ECなど通販利用が多く、ECの利用増加とともに堅調な伸びを続けています。

日本記念日協会の発表によると、母の日の市場規模は2015年に1120億円、2017年に1135億円、2018年に1170億円（推計）と、実に順調に成長曲線を描いています。クリスマス7000億円、ハロウィン1305億円、バレンタイン1300億円に次ぐ4番目の大規模な記念日マーケットです。

母の日が伸びる一方で、バレンタインデーは6％減、ハロウィンが3％減と、他の記念日は減少傾向にあります。

ちなみに母の日の約4割の規模と言われているのが父の日で、2015年の父の日市場は420億円でした。

母の日は通販購入率が高いイベントで将来も有望

2017年1～6月に母の日に関連するキーワードを検索した人の属性を年代別に見ると、20～40代が全体の76％を占めています。ネット利用率の高い年代なので、これは当然の結果です。

注目はイベント別贈り物購入経験率で、母の日は誕生日に次いで高く71％。通販利用率も3割超と高いのが母の日です。

父の日も購入経験率、通販利用率ともに比較的高い水準にあり、母の日・父の日は通販利用がますます期待できる有望市場と言えます。

母の日市場規模

年	売上（億円）
2016	1,120
2017	1,135
2018	1,170

出所：日本記念日協会

検索者属性 年代（※ 2017 年 1 ～ 6 月）

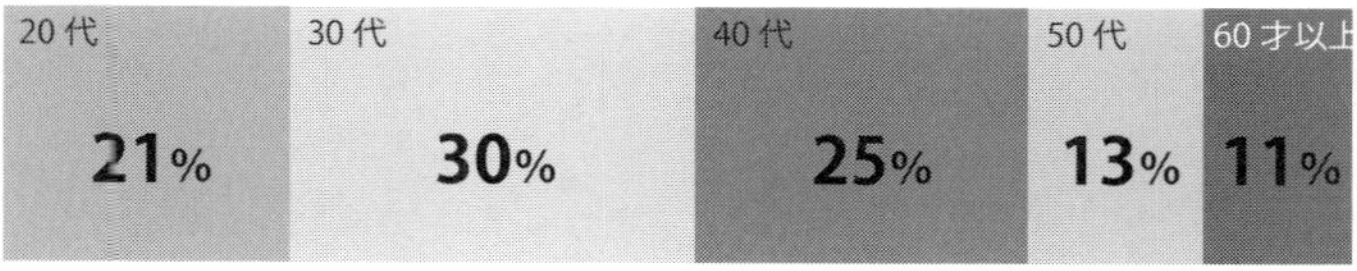

出所：（株）ヴァリューズ

イベント別 通販での贈り物購入経験率（2013 年調査）

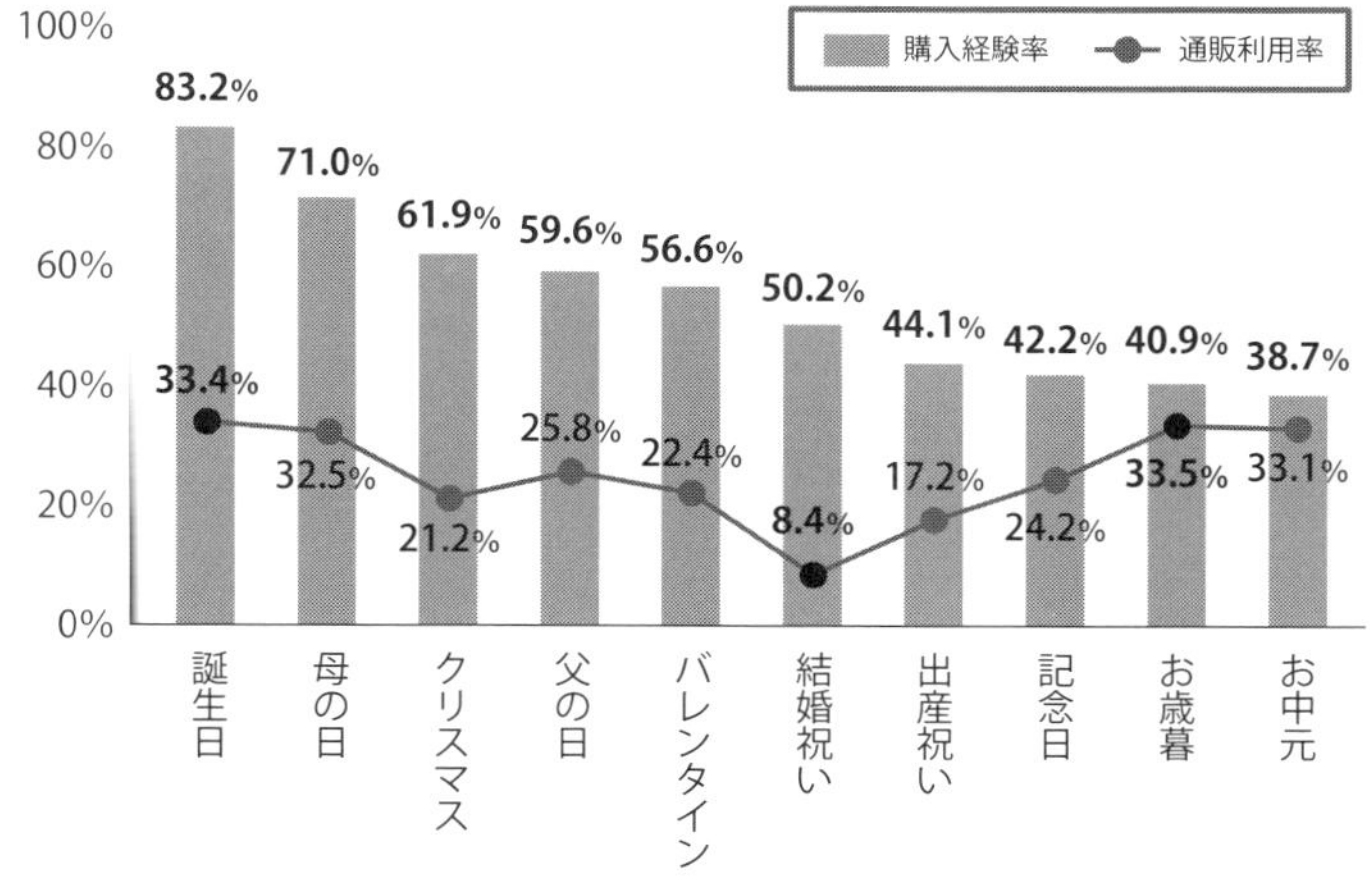

出所：日本通信販売協会

将来も有望な注目ギフト

6

ギフトイベント　中元・歳暮

儀礼的なフォーマルギフトは減少傾向にあると述べてきましたが、それでも中元・歳暮はまだまだ大きな市場です。

中元・歳暮を合わせた売上は、2015年に1兆8175億円、3年後の2018年（見込）は1兆7000億円と減少傾向にあるものの、依然として巨大市場です。さらに5年、10年と時代が進めば変わってくることは考えられますが、ギフト市場全体の2割弱を占める中元・歳暮は減少傾向にあるフォーマルギフトの中で最も大きなギフトイベントであり、特にその消費の大半を占める食品分野は無視できない大きな市場です（24ページ参照）。ここ10年で夏ギフト、冬ギフトといった打ち出し方も登場し、新しいギフト文化として維持、リノベーションしていく動きも多く見られます。

70代の6割以上がお歳暮を贈っている

実は、ギフト実施率の2位がお歳暮で、4位がお中元です（詳しくは35ページ）。特に若い世代にとっては、誕生日プレゼント、旅行のお土産、クリスマスプレゼントを贈る人が多いことは想像できても、お歳暮・お中元が今なお高い位置にあるのは信じがたいことかもしれません。実際には、さまざまな調査で70代の6割以上が、30代、40代でも4割の人がお歳暮を贈っていることがわかっています。大きく変化している点としては、従来は職場の上司へ贈ることが多かったものが、核家族化が進んだ今では、遠方に住む両親、親戚、兄弟、子に贈ることが中心になってきていることが挙げられます。また、乾物などの無難なものから、スイーツやこだわりの産直品などに変化しています。

世代別：この冬、「お歳暮」を贈る予定がある？

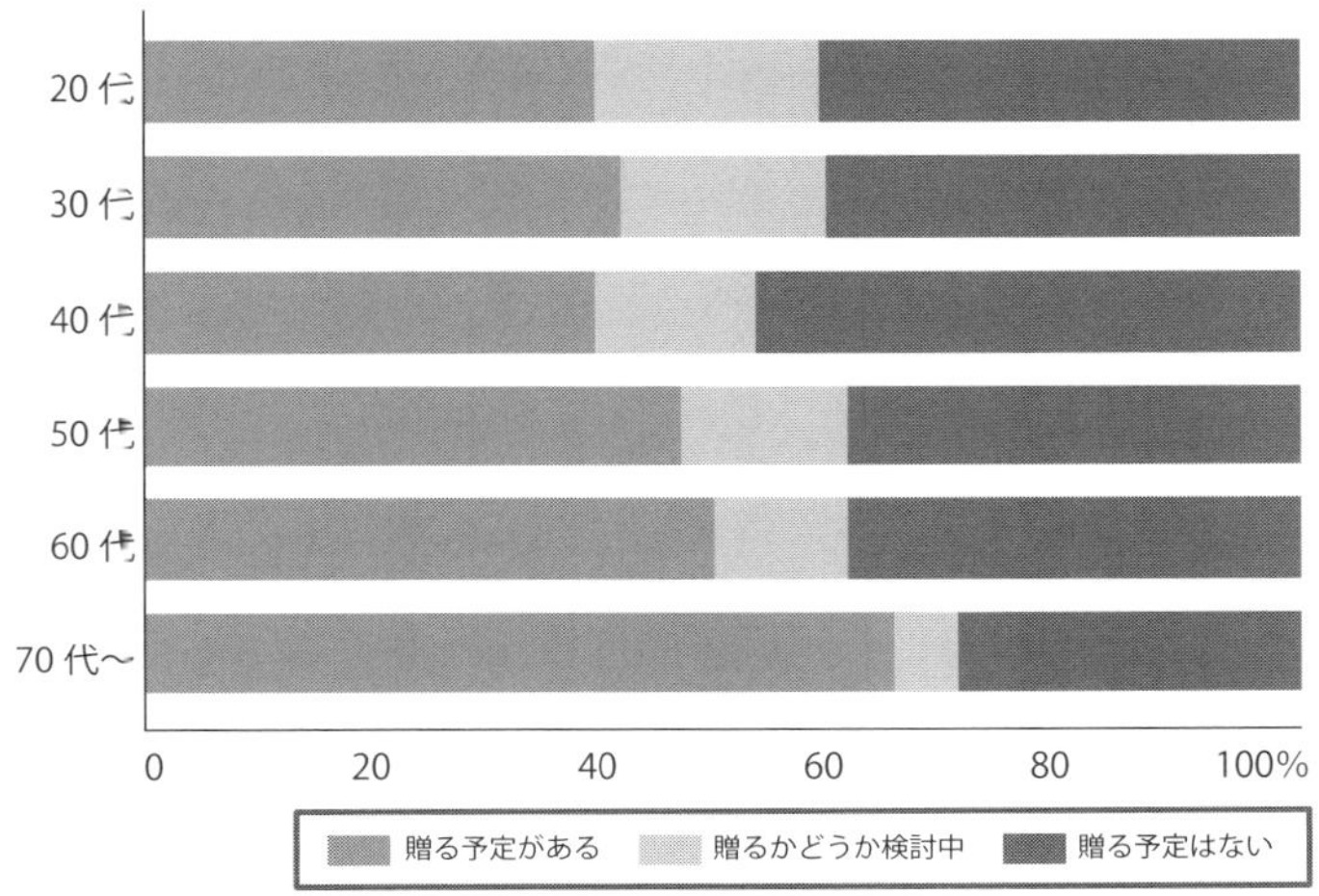

出所：アサヒグループホールディングス　青山ハッピー研究所

中元・歳暮市場規模推移と予測

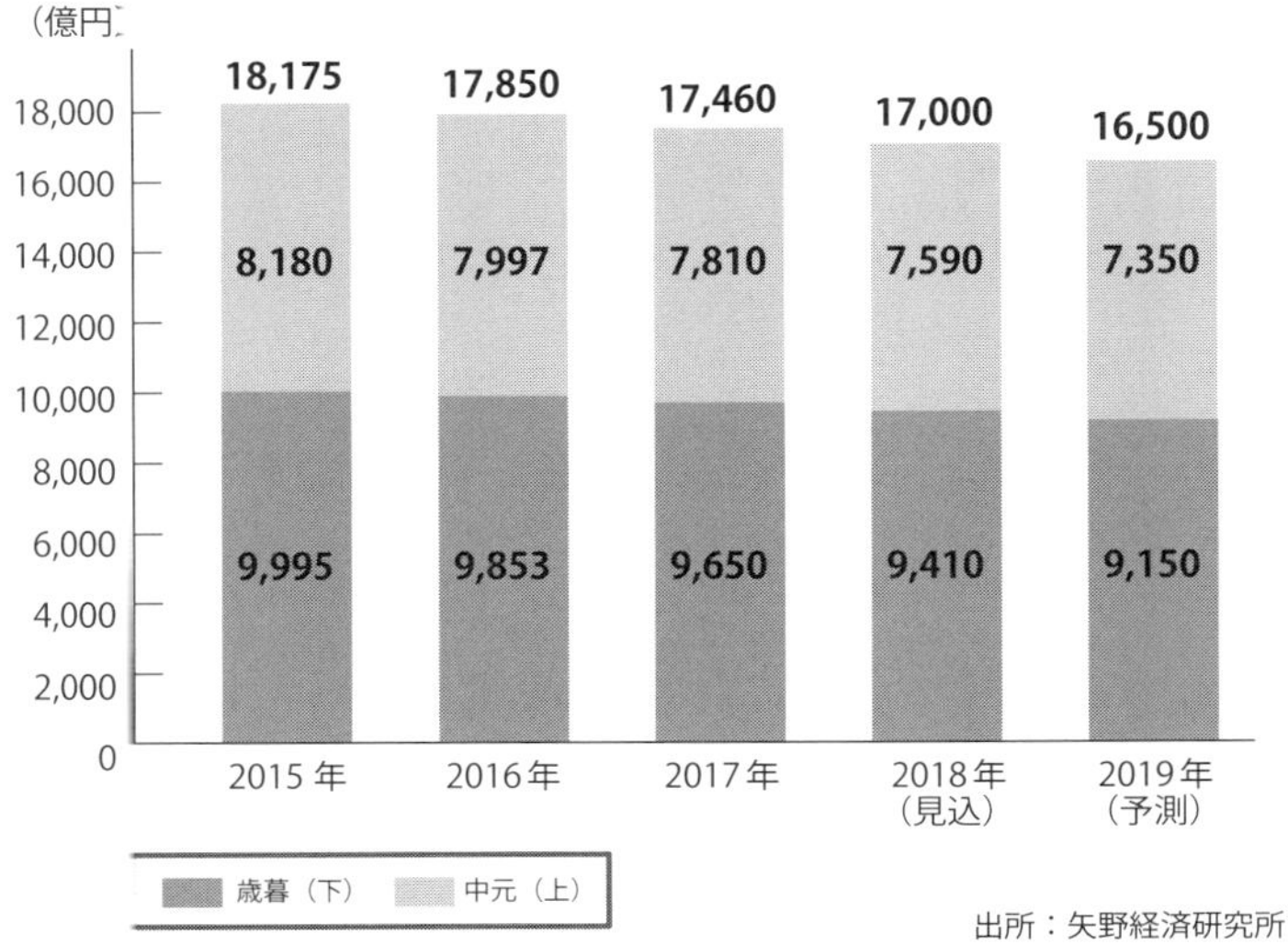

出所：矢野経済研究所

7 将来も有望な注目ギフト

ギフトの商品分野　食品

リアル・ネットを含めた食品ギフト市場は、2017年に前年比2・8％伸び、4兆1000億円に成長しました。10兆円のギフト市場全体の約4割を食品が占めます。2014年比では約11％もの伸びを見せています。

食品分野の通販利用も堅調に増え続けており、2013年から5年間で2割近くも伸長。2021年には4兆円超にまで増えると予測されています。特に大手ショッピングサイトの伸びが顕著で、Amazon では食品分野だけで500億円超の売上があるとも言われており、もともと食品に強い楽天や、アスクルの運営するLOHACOも食品を中心に売上400億円を超え、伸び続けています。

一方で食品メーカーのダイレクト販売（直販）は一進一退を繰り返していますが、かなり健闘していることが窺えます。大手モールと差別化した戦略をとれば、成長の可能性は十分あるでしょう。

高いポテンシャルを秘める食品ギフト市場

すでに述べたように、ネット通販でのギフト利用率は全体のたった4％という総務省の調査があります。ギフトは店頭で見て買いたいという購買心理が色濃く残っているのかもしれませんが、逆に言うと、まだまだネットにおけるギフト利用の伸びしろがあるということです。中でも最も期待できるのがギフト利用の4割を占める食品です。最近ではソーシャルギフト（26ページ参照）を使ってスターバックスのドリンク券を贈るなど、リアル店舗と連動したカジュアルな新しい食品ギフトの形も広がってきています。

国内食品ギフト市場規模推移と予測

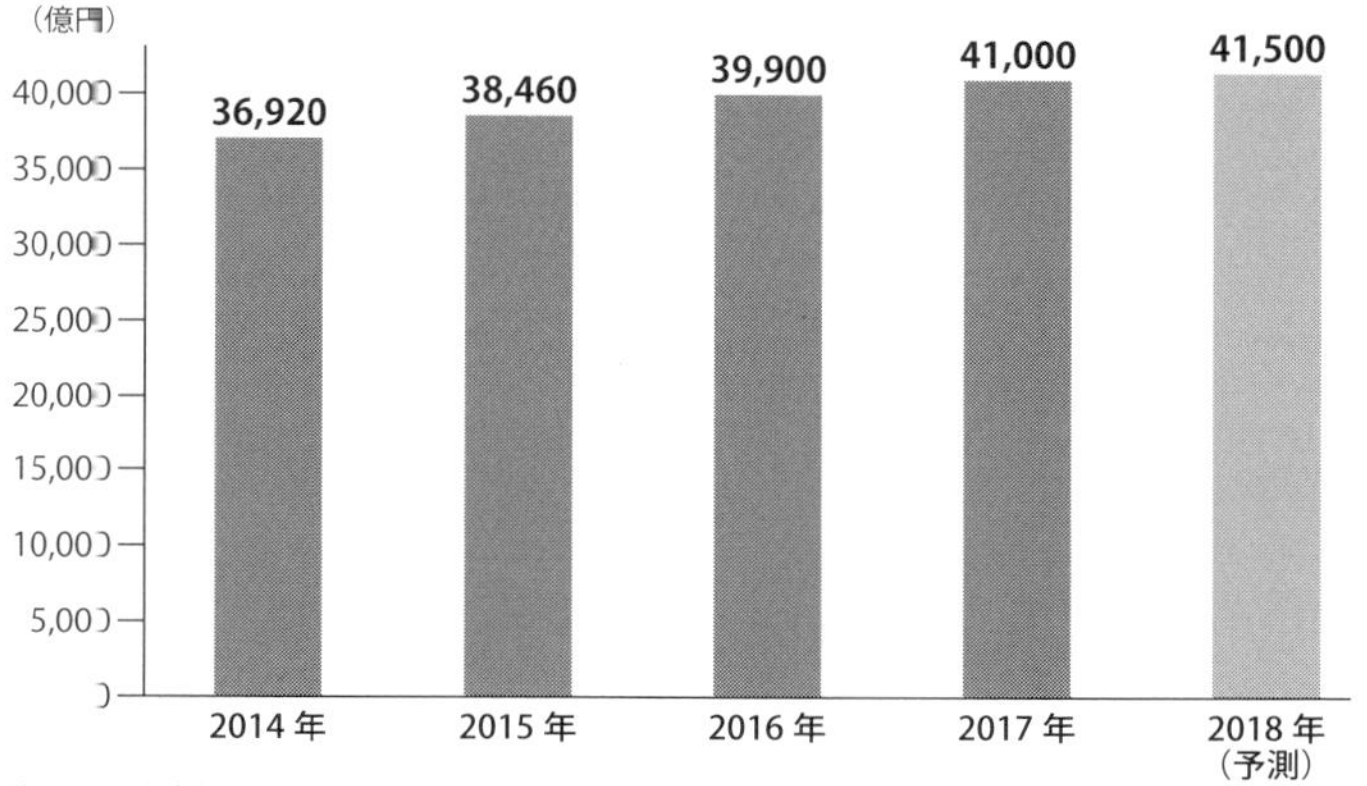

注 1：小売金額ベース　注 2：2018年は予測値　注 3：菓子類や加工食品、生鮮食品、調味料・食用油、飲料、酒類等の食品を対象として、個人、法人における贈り物や進物（中元・歳暮需要を含む）などから市場規模を算出した。

出所：矢野経済研究所

食品通販の市場規模推移と予測

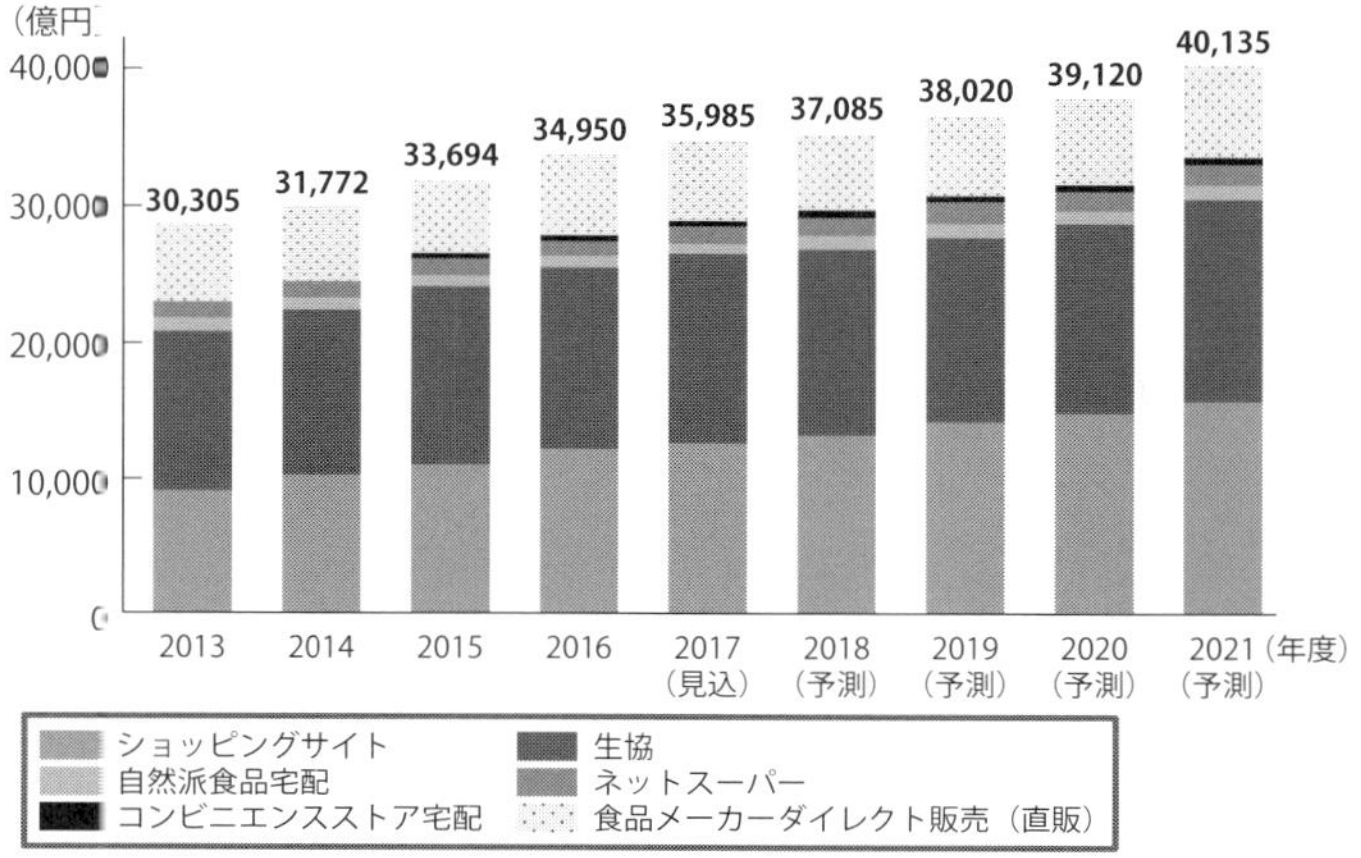

注 1：小売金額ベース　注 2：2017 年度以降は予測値

出所：矢野経済研究所

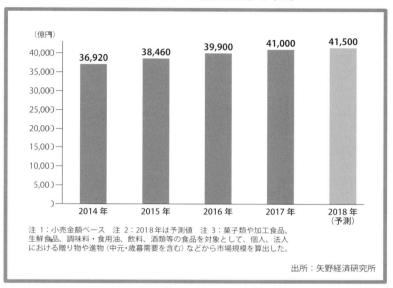

8 将来も有望な注目ギフト

ソーシャルギフトと「コト」を贈る体験型ギフト

急成長するソーシャルギフト

自家需要商材と比べると、基本的なギフト商材には急激な変化はありませんが、成長分野は少しずつ変わりつつあります。中でも急成長しているのが、ソーシャルギフトと呼ばれる、ＳＮＳなどを利用したインターネット上でやり取りが行なわれる新しいギフトの形です。ギフト市場全体から見ればまだその規模は小さいものの、２０２０年には１０００億円を超えると予測されており、発展が大きく見込まれるサービスです。

「モノ」ではなく「コト」を贈る体験型ギフト

儀礼的、伝統的なフォーマルギフトや法人ギフトが減少する中、カジュアルギフトは今後も注目すべき、大きく期待される市場です。形ある商品だけでなく、旅行やイベント体験型ギフトや、母の日や父の日に家族と一緒にレストランで食事を楽しむことがギフトになる共有型など、さまざまな形のギフトが登場してきています。

こういった「体験を贈るギフト」は90年代にイギリスで生まれ、２００５年頃に日本でも登場しはじめたと言われています。

年々存在感を増しており、レストランやカフェでの飲食をはじめ、旅行やクルージング、ジャズクラブ、エステのお試し、ハウスクリーニング、ダイビングやキャンプなどのアクティビティ、料理教室、ゴルフレッスンなどさまざま。これらは先のソーシャルギフトでも利用されますが、体験ギフト専門のカタログギフトも多数存在しています。

ソーシャルギフトの主な仕組み

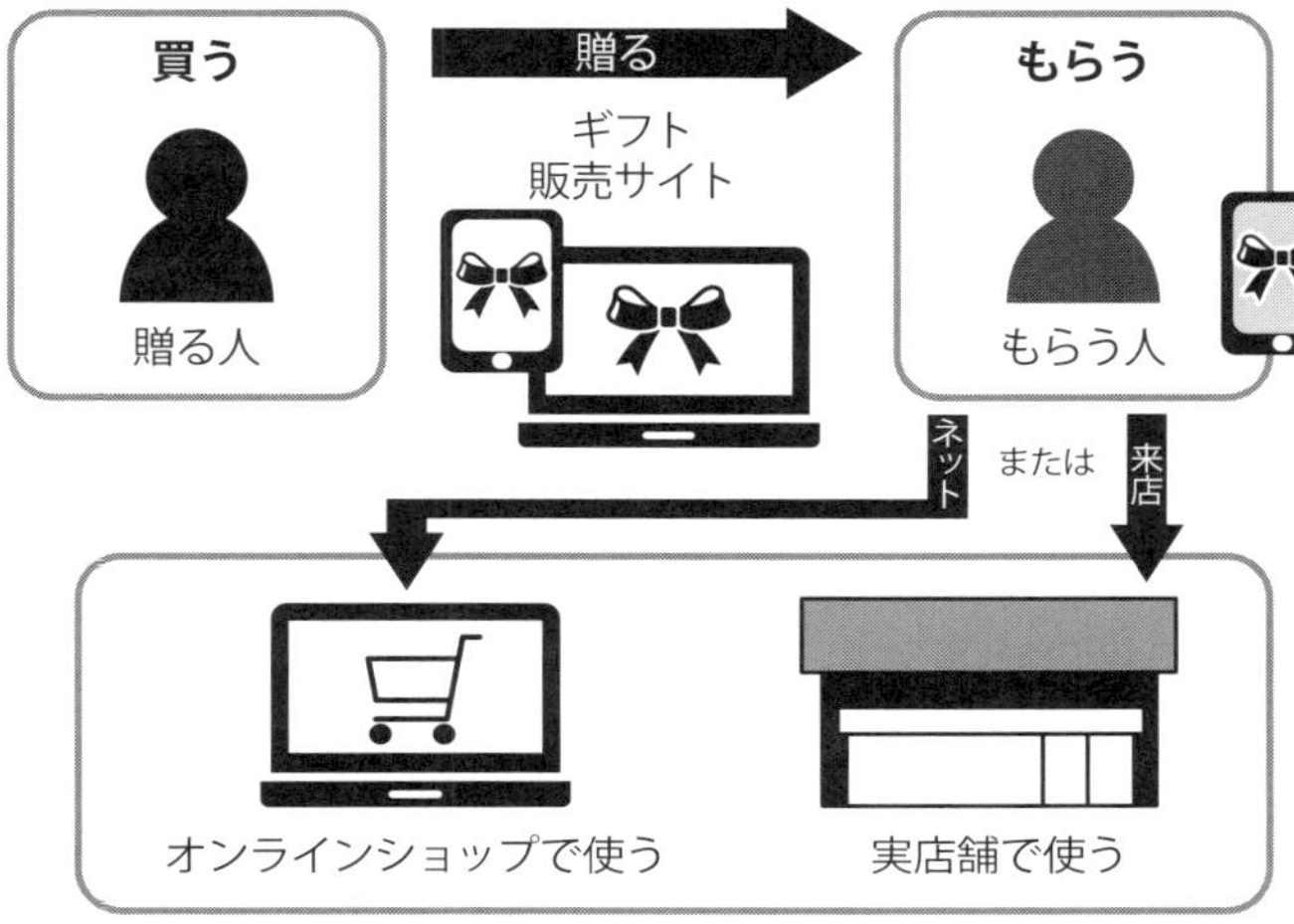

出所：ネットショップ担当者フォーラム 通販新聞ダイジェストを元に作成

ソーシャルギフト国内市場規模予測

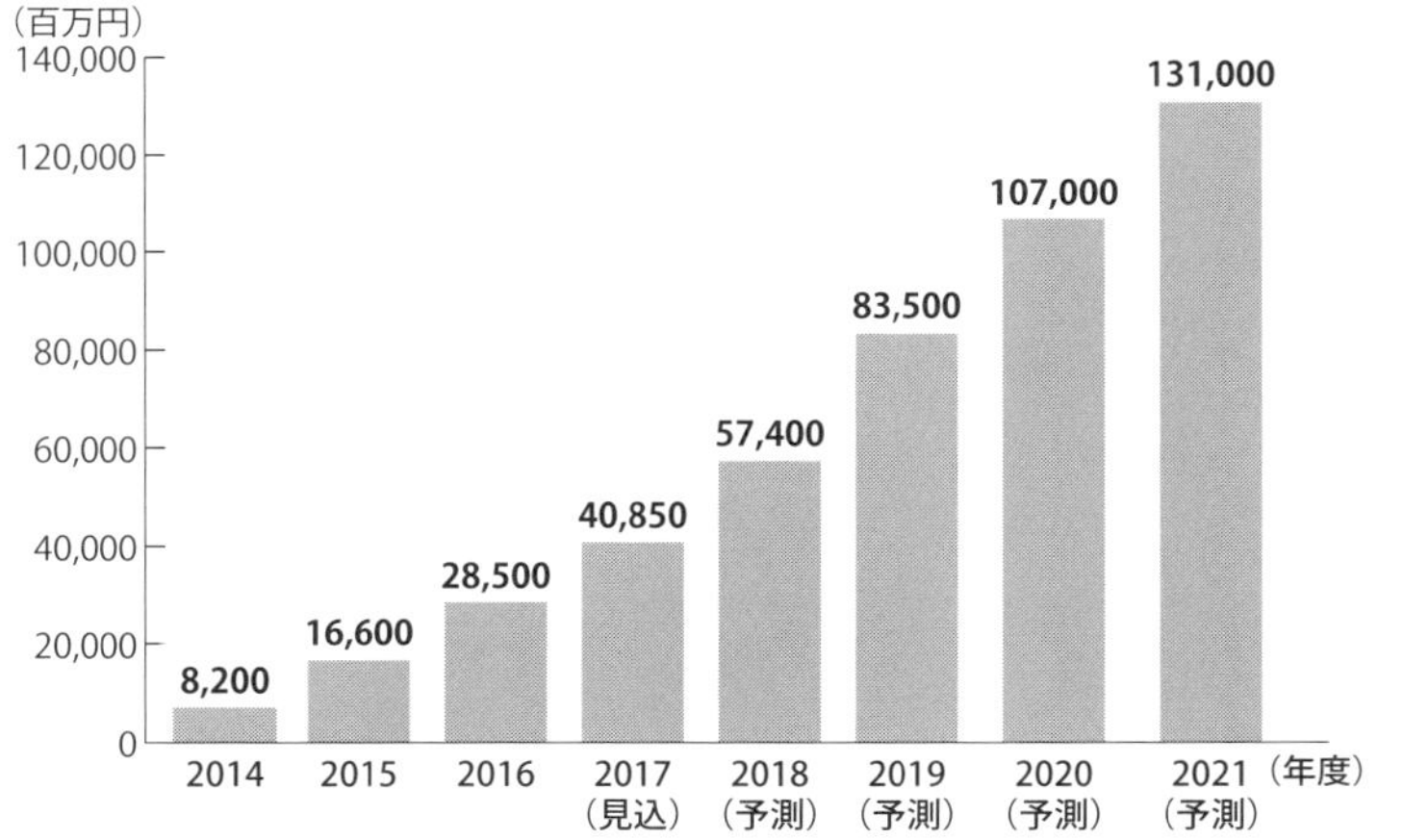

出所：矢野経済研究所

ブランド強化で震災による壊滅状態から売上137%に

株式会社佐々直（宮城県仙台市）

笹かまぼこの老舗メーカーである佐々直は、2011年、東日本大震災の津波被害で閖上《ゆりあげ》工場が被災。前年の売上高約17億円から半分以下に落ち込み、一時は壊滅状態に陥りました。

創業100周年を2年後に控えた2015年、早期復興を果たすべく、社内外に発信するためのリブランディングに乗り出しました。まず行なったのが、自社通販のギフトカタログの刷新。それまで、ほぼ商品の紹介だけだったカタログを、会社の現状や社長、社員の想いを伝えるコンテンツ型に再編し、約2万人の顧客に送付します。結果、2013年に8億円だった年商は、ブランディングに取り組んだ2015年に11億円超に回復。自社通販、自社店舗、卸販売の3つの販売チャネルを通じ、経営陣と従業員が一丸となって取り組んだ結果が出ました。

その後もブランディングを進め、創業100周年を記念して発売開始したのが、1枚500円の笹かまぼこ。おそらく日本一高級な笹かまぼこで、佐々直のフラッグシップ商品となりました。

ほかにも、主力製品の味と厚みを変化させるブラッシュアップとパッケージデザインのリニューアル、企業ロゴを老舗の誇りや伝統と親しみやすさが同居したシンボリックなデザインに刷新、自社通販サイトとテナント店舗デザインの刷新など、さまざまな改革を積み重ね、さらなる復興への道を、着実に歩み続けています。

旧企業ロゴ

新企業ロゴ

旧カタログ

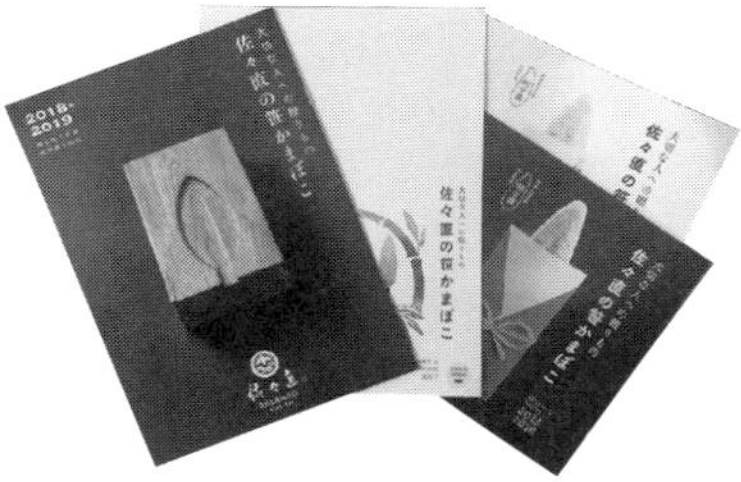

コンテンツを充実させた
現在のカタログ

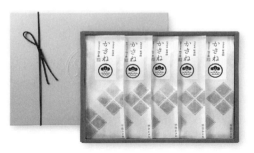

フラッグシップとして開発された
「かさね」のギフトセット

2章

「ギフト通販」ビジネスのキモを理解する

1

自家用通販とギフト通販の購買動機の違い

自家用の通販（買い物）と、ギフトの通販（贈り物）では、たとえ選ぶ商品が同じものであっても、入り口の購買動機に大きな隔たり、違いがあります。

購買動機の違いを確実に押さえる

当然ながら、最も大きな違いは自分のために買うか、人に贈るかです。値段に関しても、自家用は単純に値段に見合う価値があるかどうかを考えますが、ギフトになった瞬間にそれが予算に合うかに変わります。到着時期については、自家用は「必要な時までに」早く届くかですが、ギフトの場合は、「必要な時に」届くかに変わります。要するにギフトの場合は、早く着いても遅く着いてもダメなのです。

お客様の願望や不安を把握する

自家用の通販では、必要なものをなるべく安く買いたい、早く欲しいという願望が強いのが一般的です。

一方、皆さんも経験があると思いますが、ギフトの購買を決定する場面では、自分のものよりも頭を悩ませる事柄が圧倒的に多くなります。まず、贈る相手に喜んでもらいたいという1点が大きな願望になります。その上で、予算に合うか、必要な時に届くか、さらに、センスは疑われないか？　贈る時期は適切か？　いつな金額に失礼はないか？　品物の中身やら受け取ってもらえるだろう？　良品の状態で届くのか？　といった不安も生じます。

「そんなことは当たり前だ」と思われるかもしれませんが、この当たり前のことを提供側がしっかりと把握し、備えておくことが、ギフト利用のお客様の信頼を獲得することにつながっていきます。

「自家用」と「ギフト」の購買動機・願望の違い

自家用通販の購買動機

・自分の欲しい商品か
・買いたい、買える値段か
・必要な時までにいち早く届くか

ギフトの購買動機

・贈る相手の好みに合う商品か
・相手の生活シーンに合う商品か
・予算に合うか
・相手がわかりやすい商品か
・商品のボリュームは合うか
・贈る自分のセンスは疑われないか
・必要な時に届くか
・どんな梱包状態で送られるか

自家用通販のお客様願望

・できるだけ安く買いたい
・早く届けてほしい

ギフトのお客様願望

・贈った相手に喜んでもらいたい

ギフトの購買心理 2

商品より先に利用シーンや購入予算を考える

「ギフト」を販売していくには、どんな商品を作るかと同じくらい、どんなシーンで使われるものかを考えることが欠かせません。

ギフトを購入する場合、「○○さんの誕生日に贈るのにちょうどいいものはないかな?」「お義母さんへのお中元は何がいいかな」など、「誕生日」や「中元」というギフトシーンが先にあります。いい商品をみつけたから贈ろう、とはならないのです。

このため、「商品をいかに魅力的にするか」だけを考えるのでは不十分で、「どんなシーンで使われるか」を同時に考慮しなければなりません。

ギフトシーンは、クリスマスや父の日・母の日など、特定の日が決まっている「シーズンイベント」(シーズナルイベントとも言う)、誕生日や引っ越し、結婚など人生の節目にあたる「ライフイベント」(ライフタイムイベントとも言う)、時や場所を選ばず、年間を通じて発生する「カジュアルイベント」の3つに分けられます。

ギフトイベントによって客単価・商品単価が変わる

シーズンギフトは、毎年決まって発生することもあり、中心の価格帯は3000~5000円の中価格帯といったところです。

ライフイベントギフトは、「ハレの日」の特別なギフトが多く、1万円以上など高単価になります。

カジュアルギフトは、日常的なプチギフト、旅行のお土産など1つあたりの商品単価が比較的低いものが多いものの、まとめて購入するケースや、購買頻度が高いという特徴があります。

ギフト１回あたりの金額と実施率

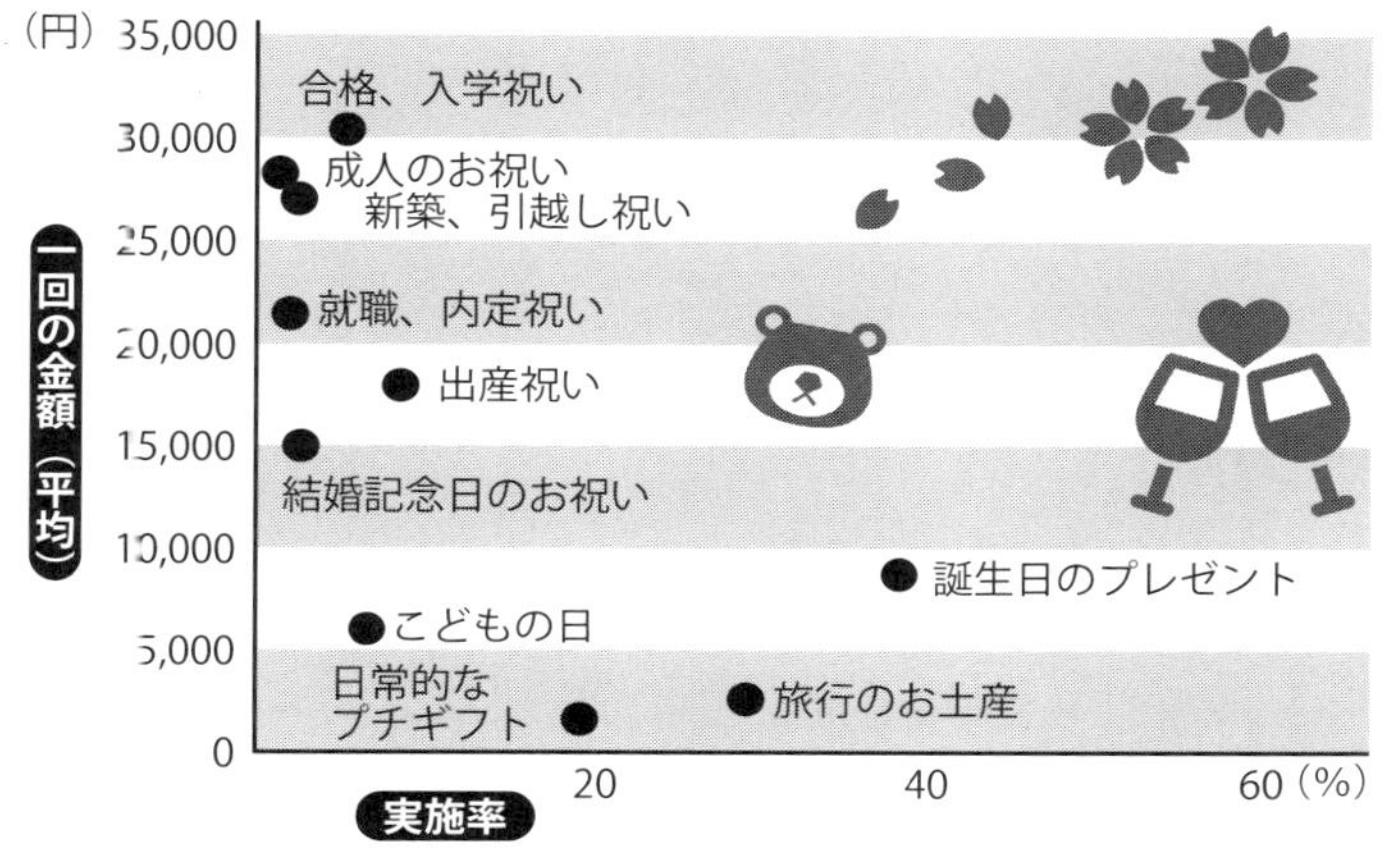

出所：DNP「日常生活とギフトの実施状況に関する調査」（2014年10月、2015年11月）をもとに作成

さまざまなギフトの市場規模

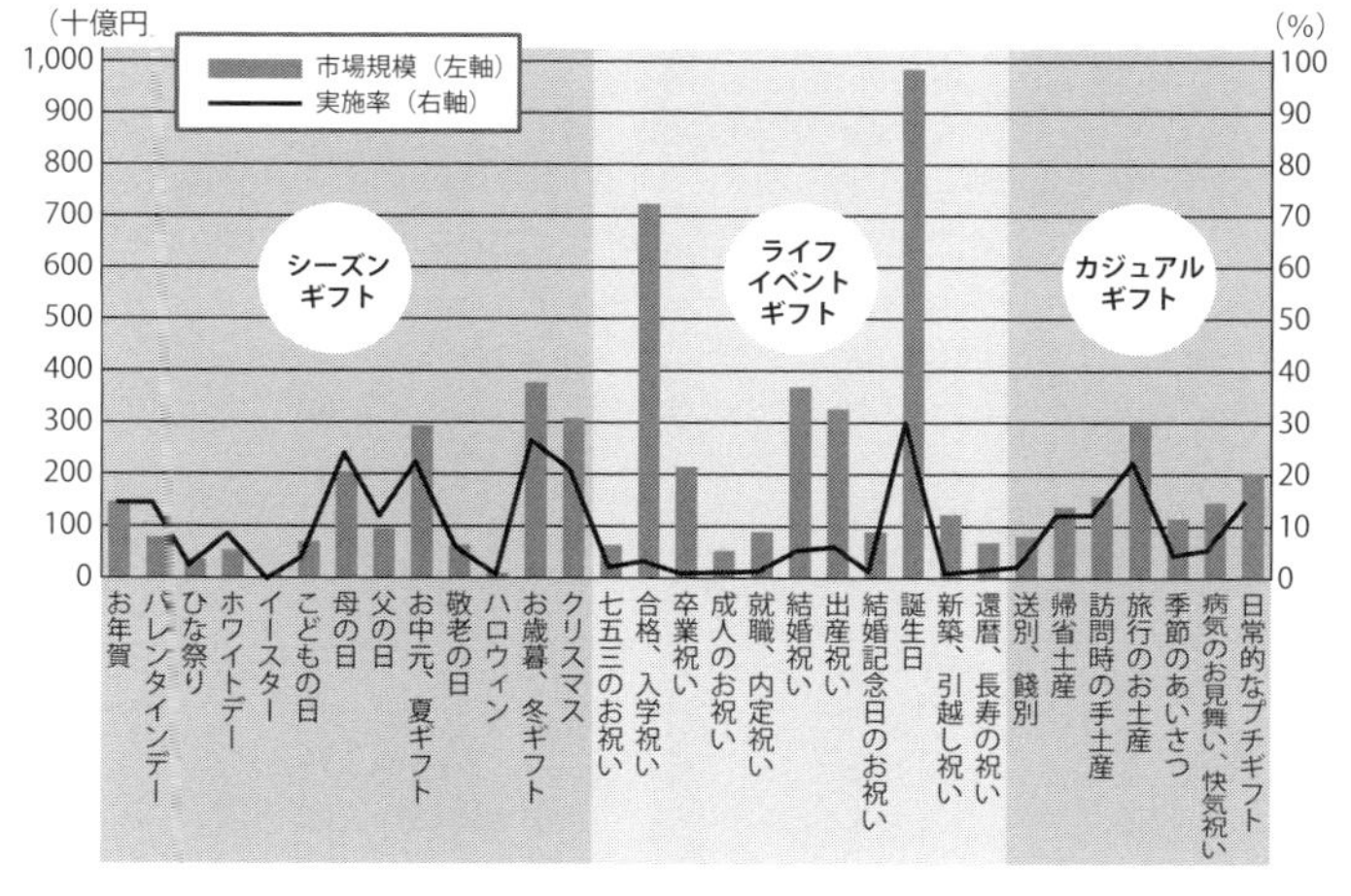

出所：DNP「日常生活とギフトの実施状況に関する調査」（2016年6月、2017年2月）

3 ギフトの購買心理

「ギフト」はコミュニケーションツール

購買心理はどんな消費行動にも伴います。「贈る人」と「贈られる人」が存在するギフトの場合、その最大の目的は「コミュニケーションの達成」です。

親類に結婚祝いを贈るのも、仕事の取引先に中元・歳暮を贈るのも、友人に誕生日プレゼントを贈るのも、すべて「これからもよい関係を築いていきたい」という意志の表われと言えるでしょう。

贈られるモノやサービスは、「よりよきコミュニケーション」を達成させるためのツール（道具）ですから、その「よりよきコミュニケーション」を達成してあげられる商品やサービスであるのかどうか、提供者は常に探求を続け、磨き上げていく必要があります。

贈りたいもの、贈られたいものには差がある

ギフト購入を決定する際にお客様が最も悩むことは、「これを贈って、果たして喜んでくれるだろうか?」この一点に尽きます。なぜ悩むのか？　これは消費者自身が、贈りたいものともらいたいものに差があることを直感的に理解しているからです。

たとえば、旅行のギフト券をもらうと嬉しい。しかし、単価が高いものは贈る側のハードルは高くなります。

提供者としてはまず何より「贈りたくなるもの」を狙うのが最優先ですが、贈った結果、あまり喜んでもらえなかったとなれば次回は別のものにしようとなり、リピートされません。直接のお客様である「贈る人」（お金を払う人）と、「贈られる人」（モノやサービスを受け取る人）の2人に喜んでいただける商品、サービスを追求する必要があるのです。

「贈る人」へのアンケート結果

Q　今年の母の日にはどんな贈り物をしますか？

（4,204 人）

A

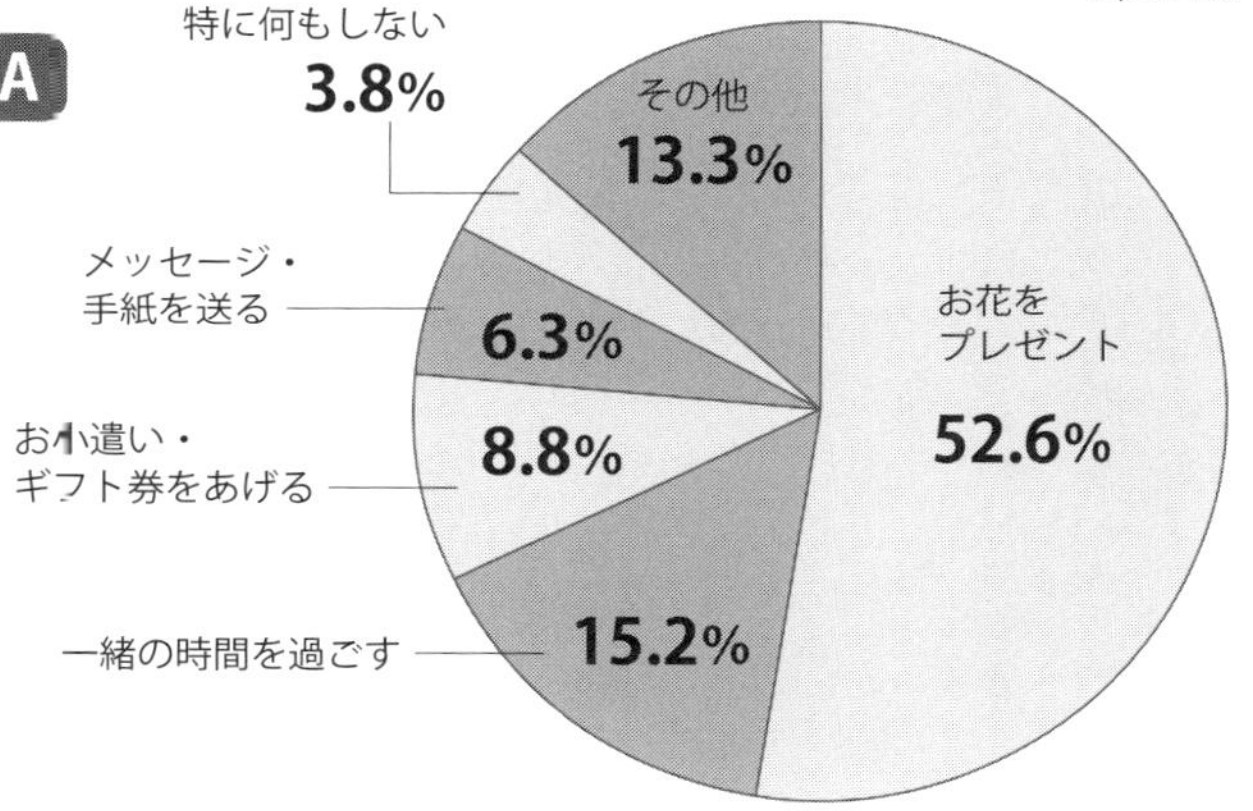

出所：母の日コム

「もらう人」へのアンケート結果

Q　母の日にどんなことをしてもらえたら嬉しいですか？

（830 人）

A

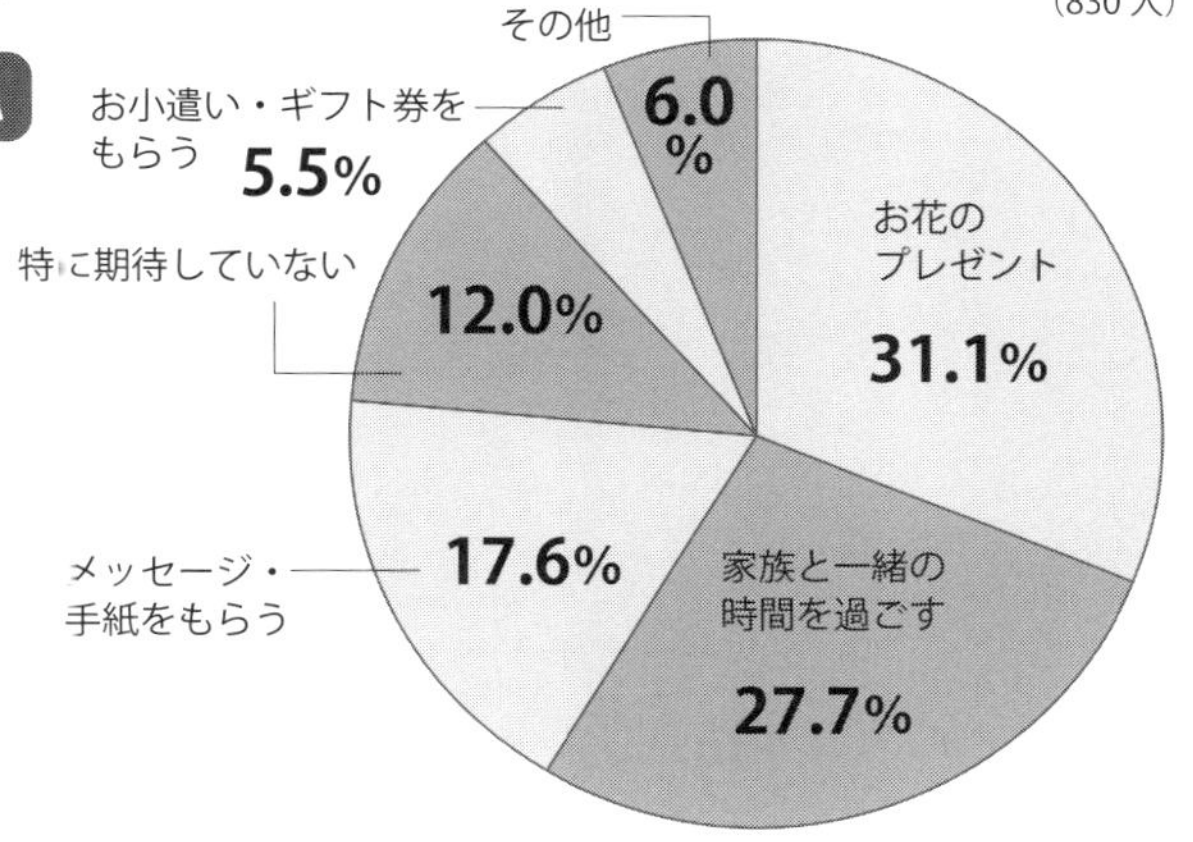

出所：母の日コム

ターゲティング

4

ペルソナにとらわれず、狭めすぎない

なぜ、ターゲットを絞りすぎてはいけないのか？

マーケティングでは「ペルソナを設定し、ターゲットを究極まで絞り込む」よう推奨されることがあります。自家需要を狙うのであれば、購入してほしい人を明確に設定することで販売側にブレがなくなるので、効果的と言えるでしょう。

これがギフトのビジネスとなると、少し変わってきます。理由は単純です。贈る人が自分の好みのものを購入するのではなく、贈る相手の好みやライフスタイル、利用シーンを想定して相手が喜びそうなもの、欲しそうなものを贈るからです。

誰に何を贈るのかは、その都度変わるので、ギフトの販売においてはターゲットを絞りすぎないことが大事です。

狭めて広げる、ギフト独特のシーン戦略

とはいえ、ターゲットをどこかに絞らないと方向性が定まりません。そこで、ギフト購入機会がより発生しやすくなるのは、人と人とのつき合いが広がってくる世代から、という点に着目します。

10代や20代の学生や独身者の場合は、彼氏・彼女・友人を中心とした、パーソナルでプライベートなギフト機会に限られます。その後、社会に出て何年か経つと、人づき合いが増え、結婚して子供もできれば、儀礼的なギフト機会も圧倒的に増えてきます。

このライフスタイルの変化が起こるタイミングにフォーカス（＝狭める）すれば、さまざまなギフトシーンを案内、提案することが可能になり、ギフトの購入機会を広げていけるのです。

なぜ、ターゲットを絞りすぎてはいけないのか

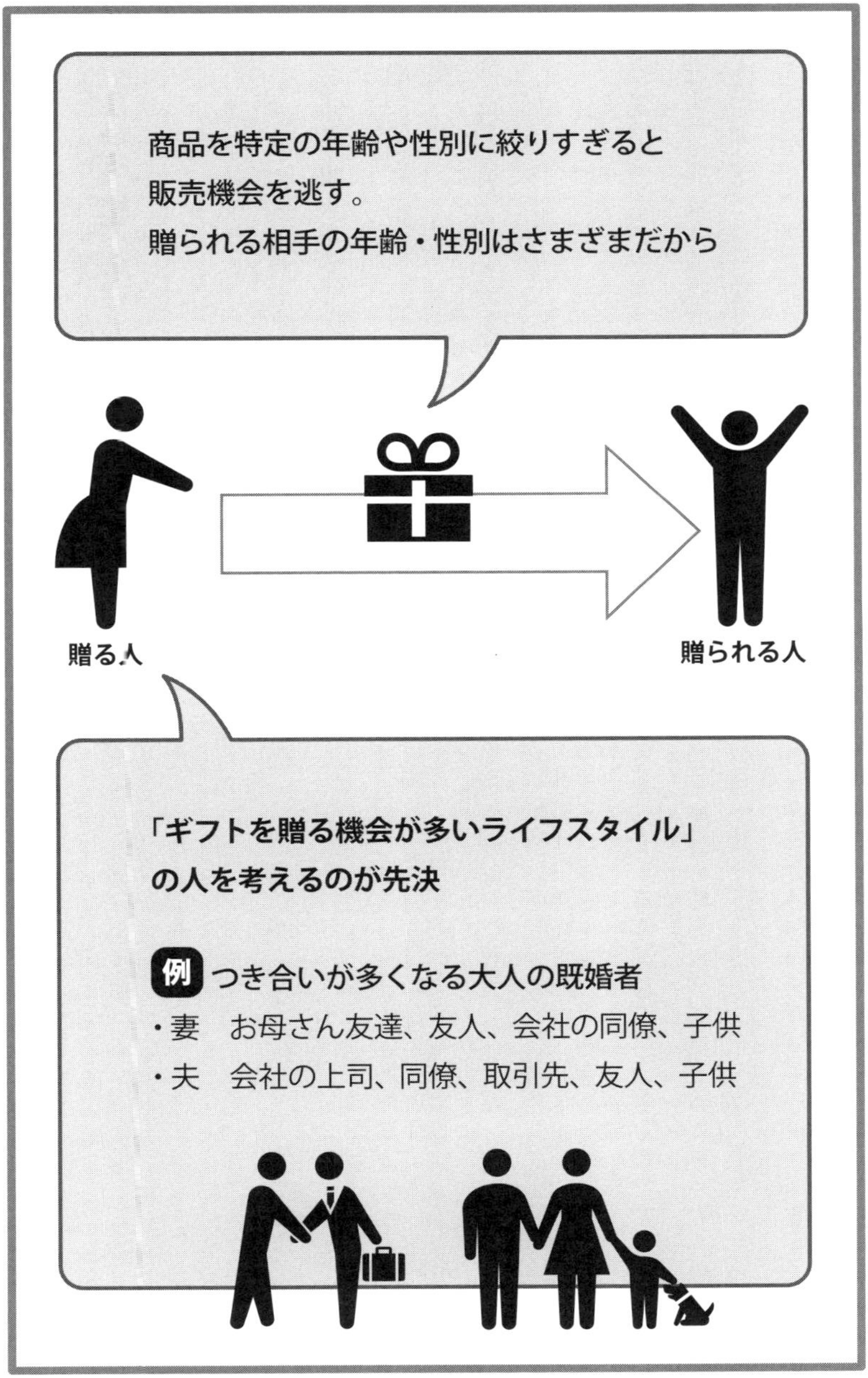

5 ターゲティング

女性の「生活環境変化」こそビジネスチャンス

ターゲットを考える際には、年齢・性別から入るのではなく、たくさんの「ギフト機会」を持つ層を狙うことで、客単価、購入単価のアップや、購入利用頻度を高めていきます。

これからギフトにも取り組みたいと考えている企業の方からよく聞かれるのが、「若い人向けの商品を作りたい」という声です。新しい客層を取り込みたい気持ちはよくわかりますが、生活環境が変わりやすい20代よりも、生活が安定してギフト利用が多くなってくる、30代以降のミドル～シニア層をどう取り込むかが重要なキーになります。社会人になることや、家庭を持つということが、ギフトシーンを生み出す機会につながるからです。

狙うべきターゲットは53歳、子育て完了女性

年齢・性別から入らないことが原則ですが、特に注目したいのが「53歳の女性」です。

最新の内閣府の調査では、女性は平均29・4歳で結婚、第一子出生が30・7歳、第二子が32・5歳です。子供を大学卒業まで育てると、子供1人であれば52・7歳、2人だと54・5歳までに教育費がかからなくなる計算です。時間的なゆとりも生まれ、友人・知人と過ごす時間が圧倒的に増えて、今まで封じ込めていた消費意欲が爆発しがちです。子育てが完了した50代の女性は、人とのコミュニケーションの機会も可処分所得も多くなっている、注目すべき層なのです。

男性も60歳の定年時に消費意欲が湧くとも考えられますが、仕事一筋で来たお父さんは女性よりも社会との関わりが少ないため、人づきあいから派生するギフトより、自分の趣味への消費性向が高いでしょう。

自分の時間が増えた理由

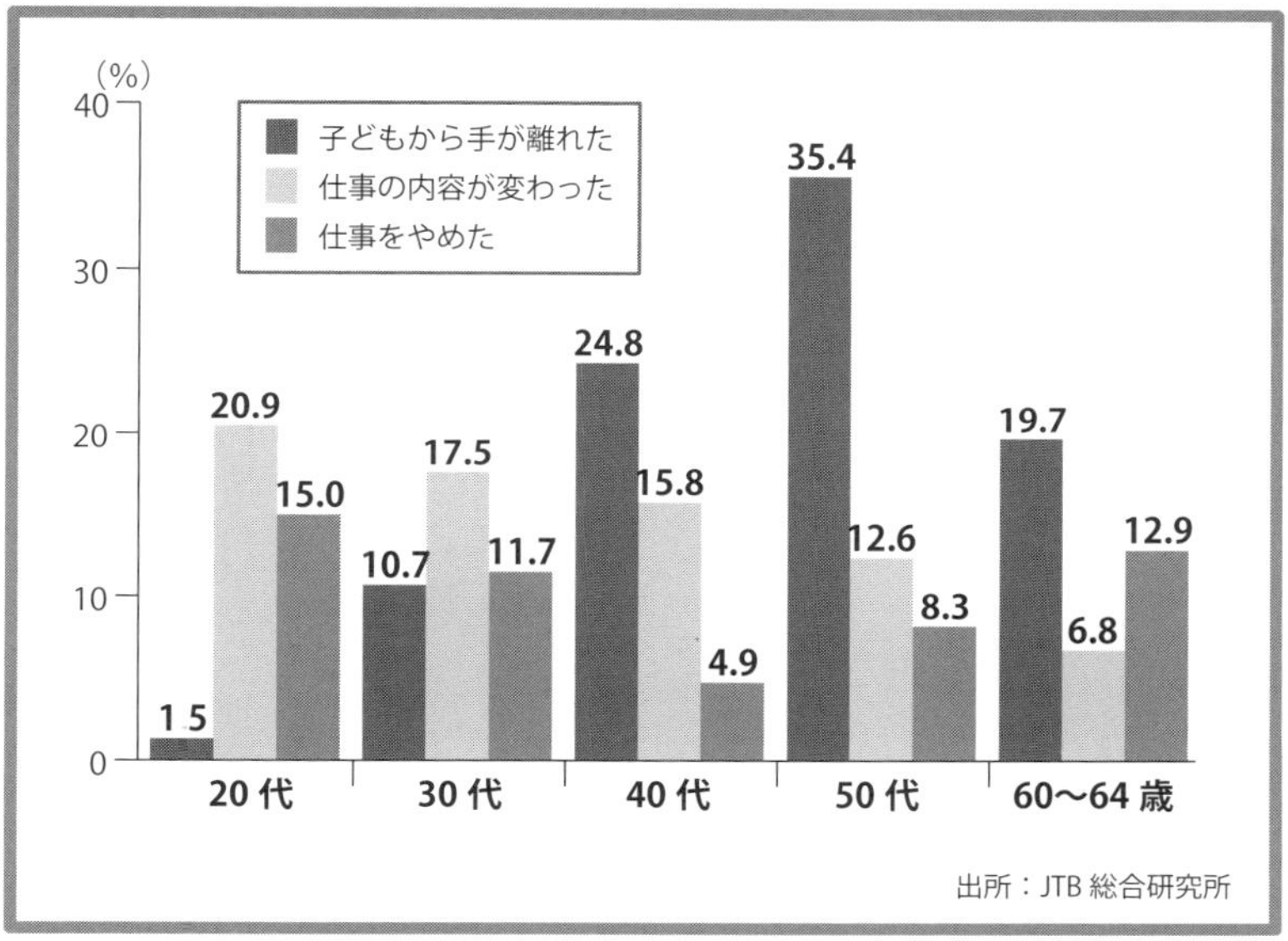

40 代女性から余暇を楽しみたい願望が大きくなる

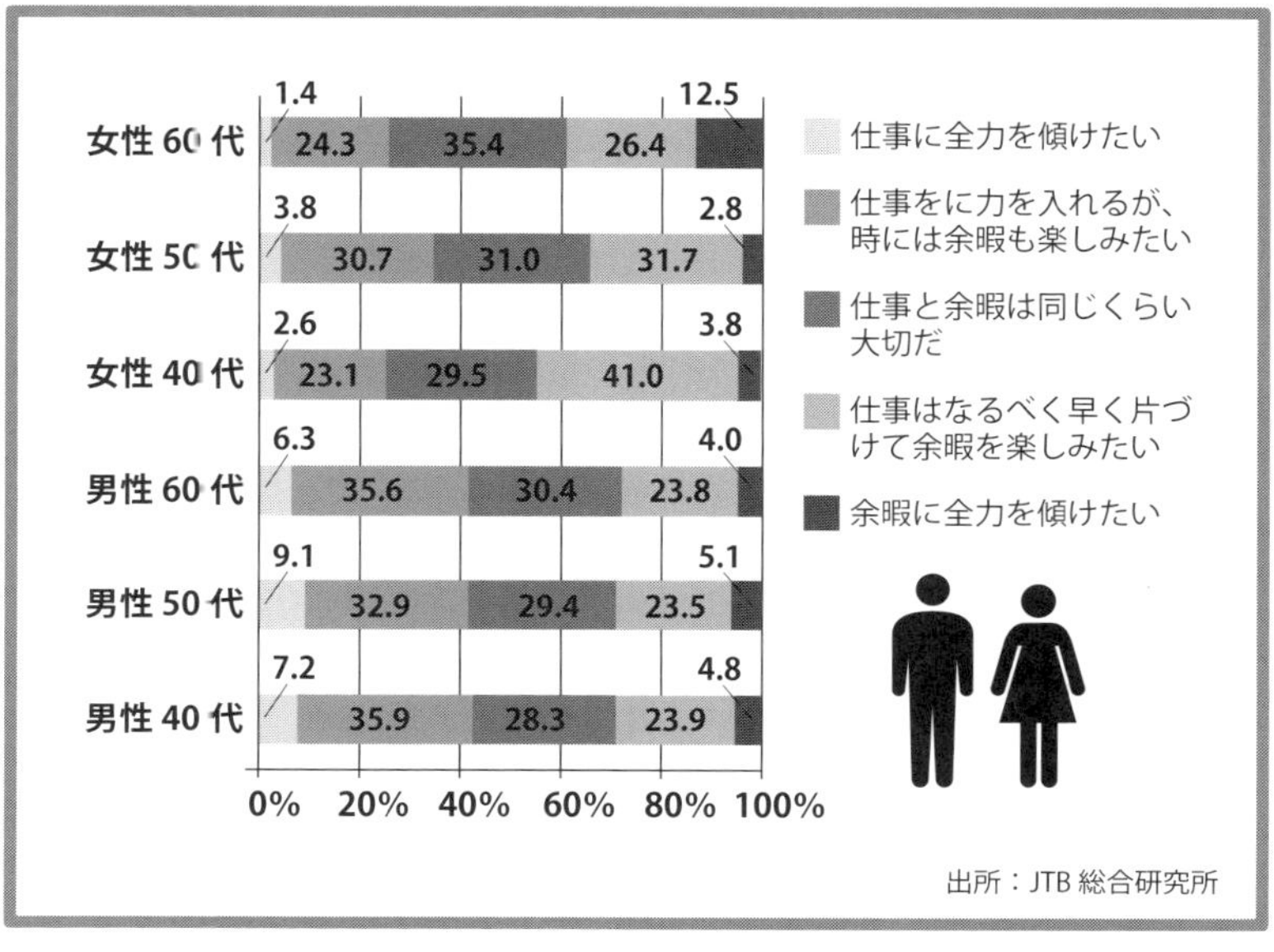

ビジネスの根幹 6

常に大企業と対峙するのがネット通販の世界

足を踏み入れた瞬間、通販業者の仲間入り

楽天などのモールに出店するのであれ、自社サイトを運営するのであれ、通販に参入すれば、あなたの会社やお店は立派な通販業者です。「うちはメーカーだから」「うちは本業が店舗販売だから」などと、言って欲しくはありません。

中には、「ネットのことは、PCに強い若い人が適任だろう」という思い込みから、若手社員に通販業務の担当を命じている経営者も見受けられますが、本気で事業の成長を考えるのであれば、「通販専業企業に負けないくらいのノウハウを積み上げていく!」という気概が必要です。ひとたび出店したら、すべてのネットショップがライバルになるのですから。

単純に商品数で戦わないこと

ネット通販でやってしまいがちなのが「売上を上げるために商品をどんどん増やす」こと。ネット上なら、さまざまな商品を無尽蔵にアップすることができるためです。ですが、何千点、何万点を扱う大手EC企業や有名百貨店のECもある中で、中小企業や小さなショップが単純に品揃えを増やしたところで、勝ち目はありません。

大企業とも対峙しなければならない世界で優位に戦うための大きな武器の1つが、ギフト商品です。自家需要の通販に比べ、ギフトの通販にはしっかりと取り組めていない事業者が多く、勝てる余地がまだ残されています。自社の特徴を活かしたギフト商品を作り、自家需要商品に絡めながら、お客様を引きつけることができます。

業種や規模を問わず、BtoC、BtoB、CtoC でも続々とネット通販に参入

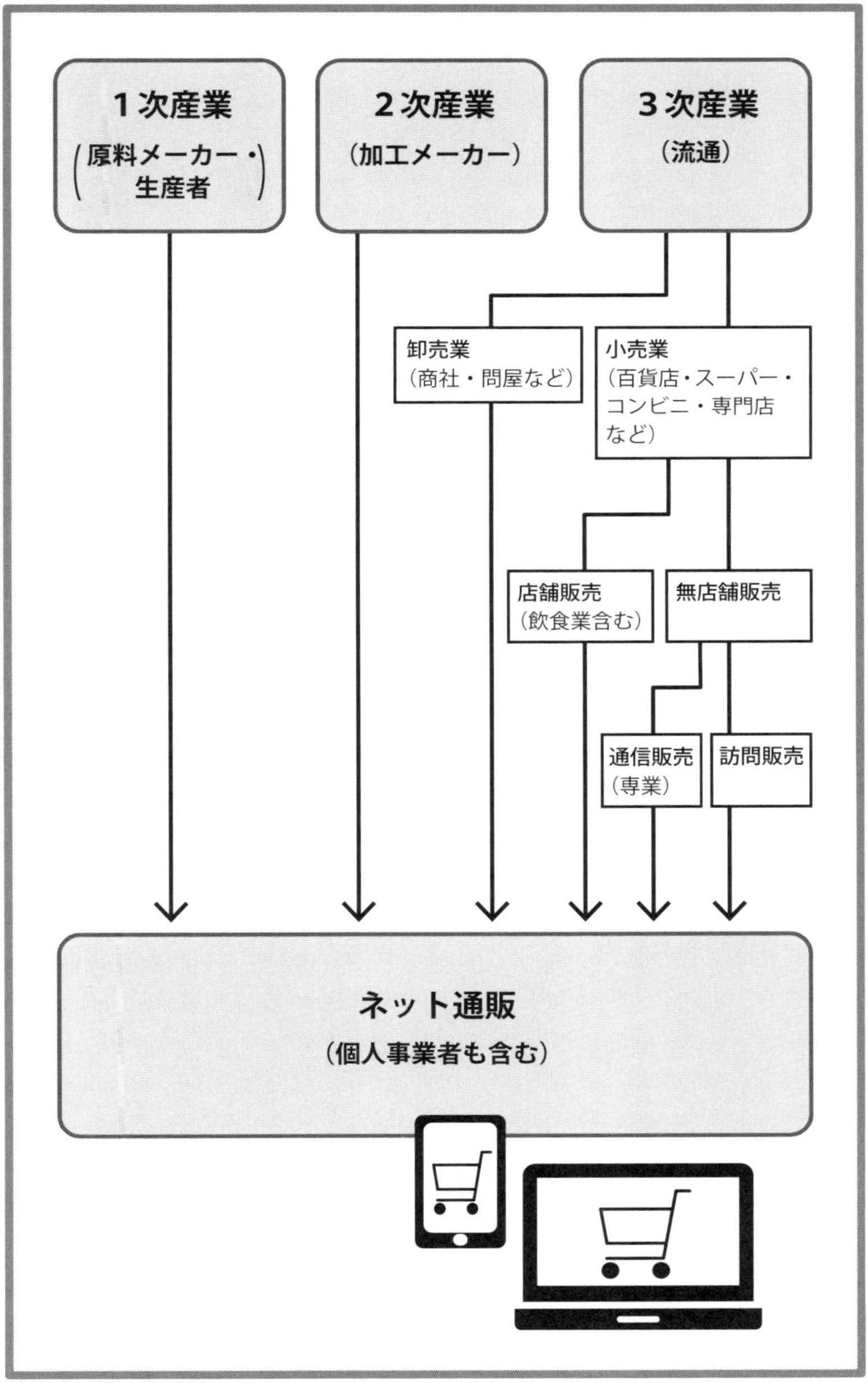

7 ビジネスの根幹

通販で成功するために知っておきたい収益構造

3：3：3：1で組み立てておく

私がセミナーで必ずお話ししている「3：3：3：1」という数字は、一般的に通販ビジネスで成功するための収益構造です。

最初の「3」は原価です。3割とお伝えすると、通販専業ではない中小企業の経営者からは「そんなに原価を抑えられませんよ～」という声がまず上がります。

次に驚かれるのは販促費の「3」。「宣伝経費ってそんなに必要なんですか？」と言われます。

通販事業で年商3億円以上を目指すのなら、ぜひわかっていてほしい、基本的で理想的な収益構造がこれなのです。

あなたの会社が目指すべき収益構造は？

左ページ中央は、基礎化粧品や健康食品などリピート通販（定期購入型）に多い収益構造で、一般的な商材でここまで原価を抑えることは難しいでしょう。

多くの通販事業の収益モデルは、一番下に近いのではないでしょうか？　原価率は50～60%、販促費は15～25%、営業利益が5%。実はこの収益構造は、年商数百億円規模の大手通販会社でなければ成立し難い、厳しいモデルです。

一般食品のように比較的原価率の高い商材もありますが、通販で年商3億円以上、営業利益10%を目指したいのであれば、まずは「原価3」にチャレンジしてください。このことは、販売価格がキモになることも示しています。「原価3」を満たす価格を設定し、それでも買ってもらえる商品を開発できるかどうかが鍵を握ります。

通販ビジネスの収益構造

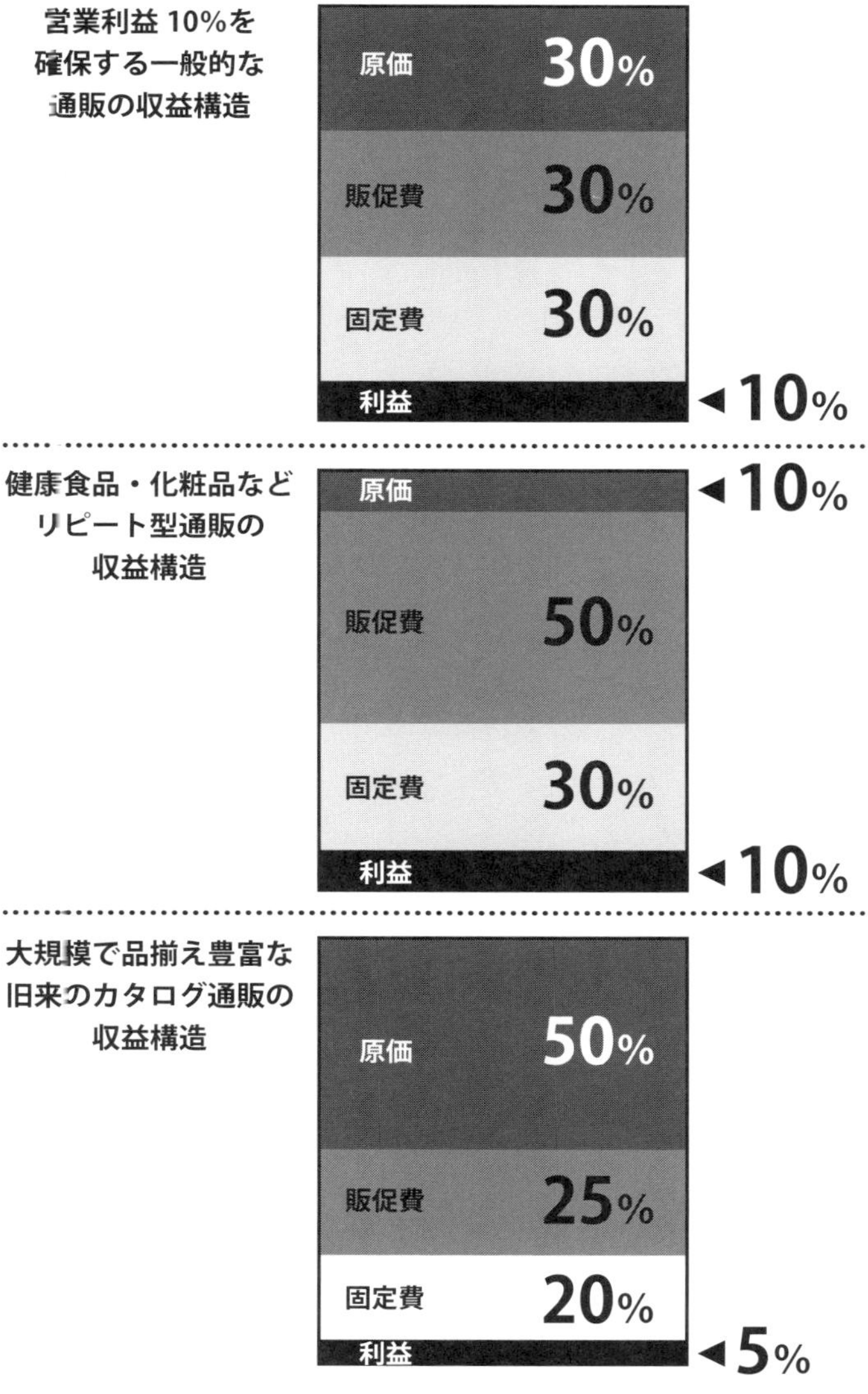

※販促費＝広告宣伝費、送料などサービスに関わる経費
※固定費＝人件費、システム費など

8 ビジネスの根幹

売上・利益を増やすために最も重要な価格設定

20円安いからといって買うわけではない

ギフトのビジネスで絶対的に意識しておかねばならないのが、「価格＝値付け」です。自家用の商品であれば、自分が欲しいもの、必要なものをできるだけ安く買いたいというのが一般的な心理ですが、贈り物の場合は大きく違ってきます。

たとえば、３０００円の価値のものを２９８０円に値付けして販売したとします。この２９８０円という価格付けは、３０００円の商品を少しでも多く販売するために20円安くして２０００円代に見せているわけですね。自家用の商品なら、３０００円のものが20円安く買えたら満足するでしょう。しかし、ギフトの多くは予算ありきで購入するので、２９８０円という予算は決して組みません。「この人には３０００円くらい」「５０００円くらいで」といったように、おおよその価格をイメージします。「５０００円の価値ののを３０００円で買って贈る」のであればお得感があって嬉しいことですが、「３０００円の価値のものを２９８０円で買って贈る」のは満足につながりません。よいものを贈った気分になれないからです。

ギフトの通販なら「送料込、消費税込で５０００円」といったシンプルな値付けが理想です。宅配料の値上げや消費増税があることを考えると、シンプルに値付けするのも容易ではありませんが、商品代だけでも端数の出ない価格にしておくのが望ましいです。宅配送料についても、地域別で何種類も設定するのではなく、全国一律送料や、３ヶ所くらいにまとめるのがいいでしょう。ギフトの場合、購入予算ありきなので、とにかく価格をわかりやすく伝える必要があります。

ギフトは贈る人の「予算」に合わせて値付けする

コンビニのギフトカード
Amazon
Rakuten
iTunes
LINE
3,000円 GIFT CARD
5,000円 GIFT CARD
10,000円 GIFT CARD
カタログギフト
3,000円コース
5,000円コース
10,000円コース
3,000円 コース GIFT
5,000円 コース GIFT
10,000円 コース GIFT
NG例
しゃぶしゃぶギフトセット 2,980円 3,980円
すきやきギフトセット 2,980円 3,980円
・「次はもっと安いギフトを探そう」という顧客が集まる
・他社、他店に浮気されやすい

ビジネスの根幹 9

通販でギフトを売るために必要な基本機能とサービス

ギフトビジネスに必要なもの

自家需要向けの通販だけを展開している企業からよく聞かれるのは「ギフトって対応が大変そう」という声です。

実は私自身も、通販業界からギフト業界へ転身した際、真っ先に同じことを思いました。

たとえば熨斗だけでも表書きは50種類くらい存在します。名入れがあり、内熨斗か外熨斗か、包装は掛け紙か完全包装か、二重包装って何ぞや？　など。

地域独特のしきたり、法事法要関係では宗教上のしきたりもあったり、ギフト独特の世界が広がっているのです。

はじめからすべてに対応できなくてもいい

しかし、これからギフトに本格的に取り組むのであれば、すべてに対応せずとも、まずはできることからで全然構わないのです。

今できることはこれ、できないことはこれとしっかり決めて、お客様からの要望を聞きながらニーズが高いもの、バックオフィスでの対応が可能なものから少しずつ増やしていけばいいのです。

大切な人に贈るのですから、自分のために買うものよりも贈り手は当然気を使います。ですから、提供側にとっては、より失敗が許されないビジネスです。包装などのギフトサービスの幅を広げれば広げるほど、ビジネスチャンスは広がりますが、最初は無理をせず、できることを確実にこなすこと。このことがギフト対応では一番に求められます。

ギフト通販の流れと必要な機能

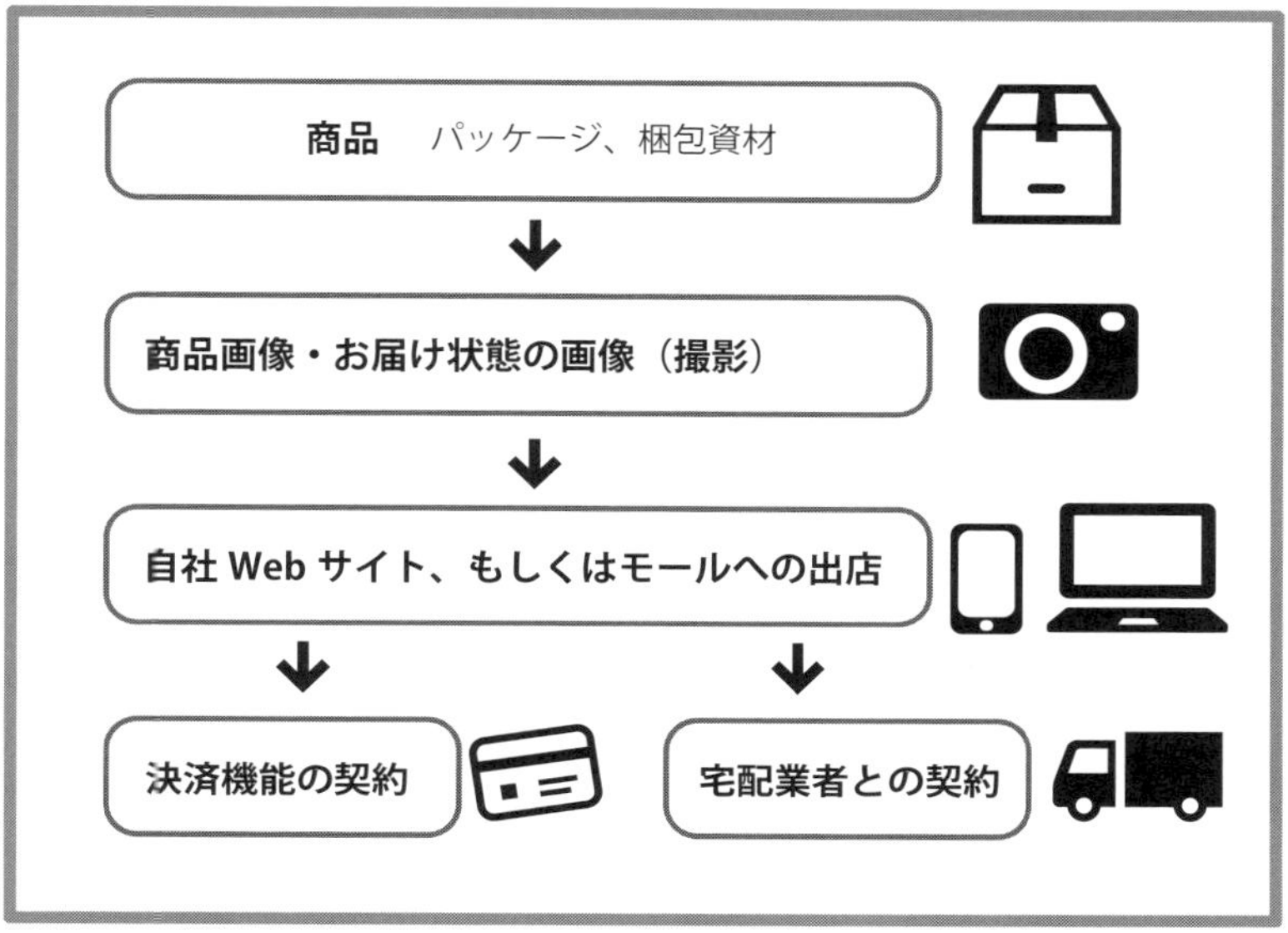

ギフトに求められるサービス

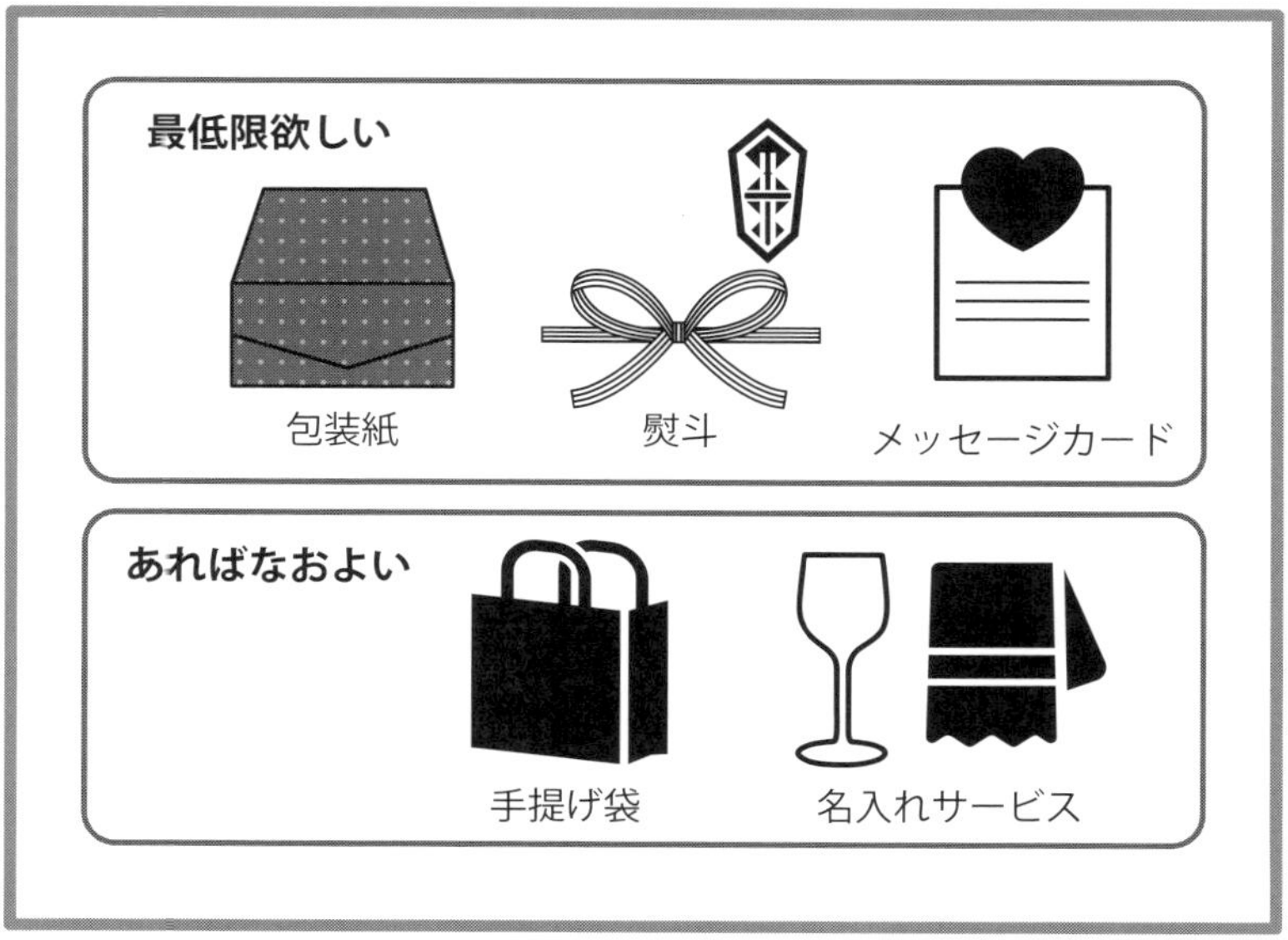

ペット用にも活路 これまでと異なるギフトシーンに着目し、ギフト商品を開発

カメヤマ株式会社（大阪市北区）

昭和2年創業の老舗カメヤマは、「家庭の仏壇にいつもあるローソク」というイメージが強いかもしれません。実はアロマキャンドル等のおしゃれなキャンドルも豊富に扱っているメーカーです。

その中で発売された、ペット供養用の「虹のかなた メモリアルギフト6点セット」。これが実に秀逸なギフト商品なのです。

私の家庭でも以前、犬と猫を飼っていましたが、ペットを飼う仲間同士で誰かのペットが亡くなると、プチお通夜やお葬式をすることが多いのです。そんな場面に最適なのがこの商品です。

「ペット供養用のギフトセット」と打ち出すことで、「何を渡せばいいかわからない」という贈り手の悩みを解決しています。価格は1500円と買いやすいのも魅力です。

パッケージには、ペット愛好家によく知られた物語「虹の橋」が挿入されています。「先に逝くペットと再び会える」という内容の物語とやさしいイラストの、ペットを亡くした人の心を癒すデザインです。贈り手・もらい手双方に喜ばれるよう、設計されているのです。

ペットのいるライフスタイルや悩みに対して自社製品で何ができるのかを研究し、商品開発へとつなげた好例と言えます。ローソクというありふれた日常品でも、これまでと違うシーンに目を向けてギフト化すれば、新たな商品を生み出せるのです。

カメヤマ キャンドルハウス オンラインショップ
https://www.kameyama-candle.jp/ec/shop/index.htm

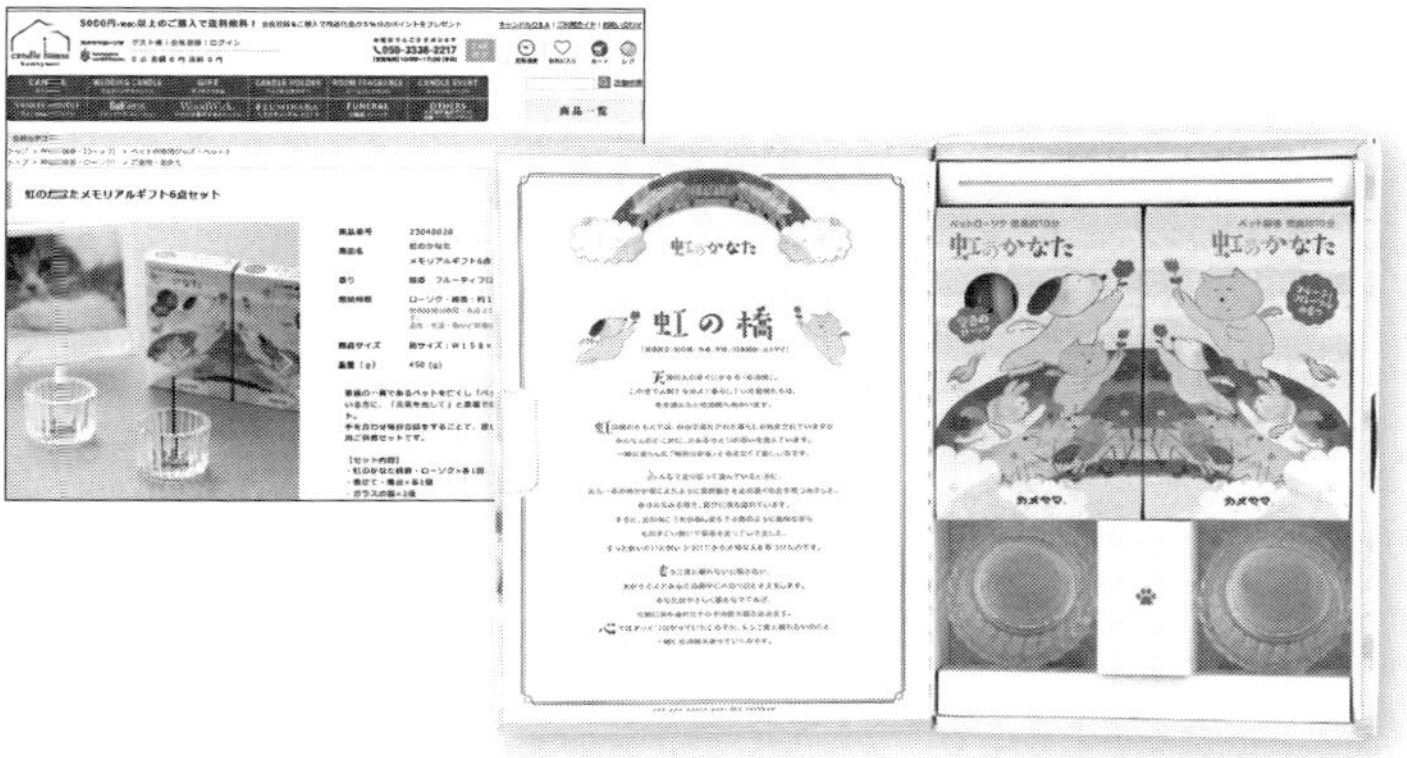

虹のかなたメモリアルギフト
6点セット

5つの秀逸ポイント

■虹のかなた メモリアルギフト6点セット

セット内容：線香1箱、ローソク1箱、ガラスの器2個、線香立て1個、ローソク立て1個

❶シーン
ペット供養として何を渡せばいいのかわかりづらい中、「ローソク・線香」のセットを提案している

❷こだわり
「先に逝くペットと再び会える」という内容の、ペット愛好家の間でよく知られた物語「虹の橋」をパッケージに印刷

❸ネーミング
物語「虹の橋」から生まれた商品であることがわかる

❹価格
1500円という、安からず高からずのほどよい設定

❺ギフトメッセージ
犬、猫、その他ペット別にメッセージ熨斗を用意（自分でダウンロードしてメッセージを記入する）

3章

売れる「ギフト商品」を企画開発する

1

商品作りの前に

いい〝製品〟でなくいい〝商品〟が大原則

私はギフト・通販の業界でこれまで2000社以上のメーカーや商社、その商品を販売する多くの経営者と関わってきました。中小メーカーの多くは、社長自ら、あるいは役員など経営層の発案により商品が作られていて、「今まで以上にいい商品ができた！　バンバン売るぞ！」と社内で大号令がかかり、販売先に猛プッシュをかけていきます。しかし多くの場合、商品はいいのに、社長が思い描くほどには売れず、営業マンが疲弊していく姿も見受けられます。

〝いい商品〟であるための6つのポイント

なぜ社長が惚れ込む〝いい商品〟が、営業の現場で売れないのでしょう？　その一番の理由は、「商品」と「製品」を混同していることにあります。それは、私がマーチャンダイザー職の時に、商談の席や展示会などで最も感じていたことです。メーカーはモノ作りが仕事なので「製品＝作った品」はでき上がります。しかし自社直販であれ卸売であれ、売る段階になれば、「商品＝商いの品」になっていなければなりません。製品も商品も中身そのものは変わりません。シンプルに言えば、「いい製品＝高い品質」とだけは言えます。

では「商品＝商いの品」とするためには何が必要なのか。

ひと言で言えば、「買う価値がある」とお客様が感じることです。

① どんな人の利用を想定しているか
② どんなシーンで利用して欲しいか
③ 開発ストーリーや企業の強みがあるか
④ ふさわしい商品名（ネーミング）か
⑤ ふさわしいパッケージデザインか

製品と商品の違い

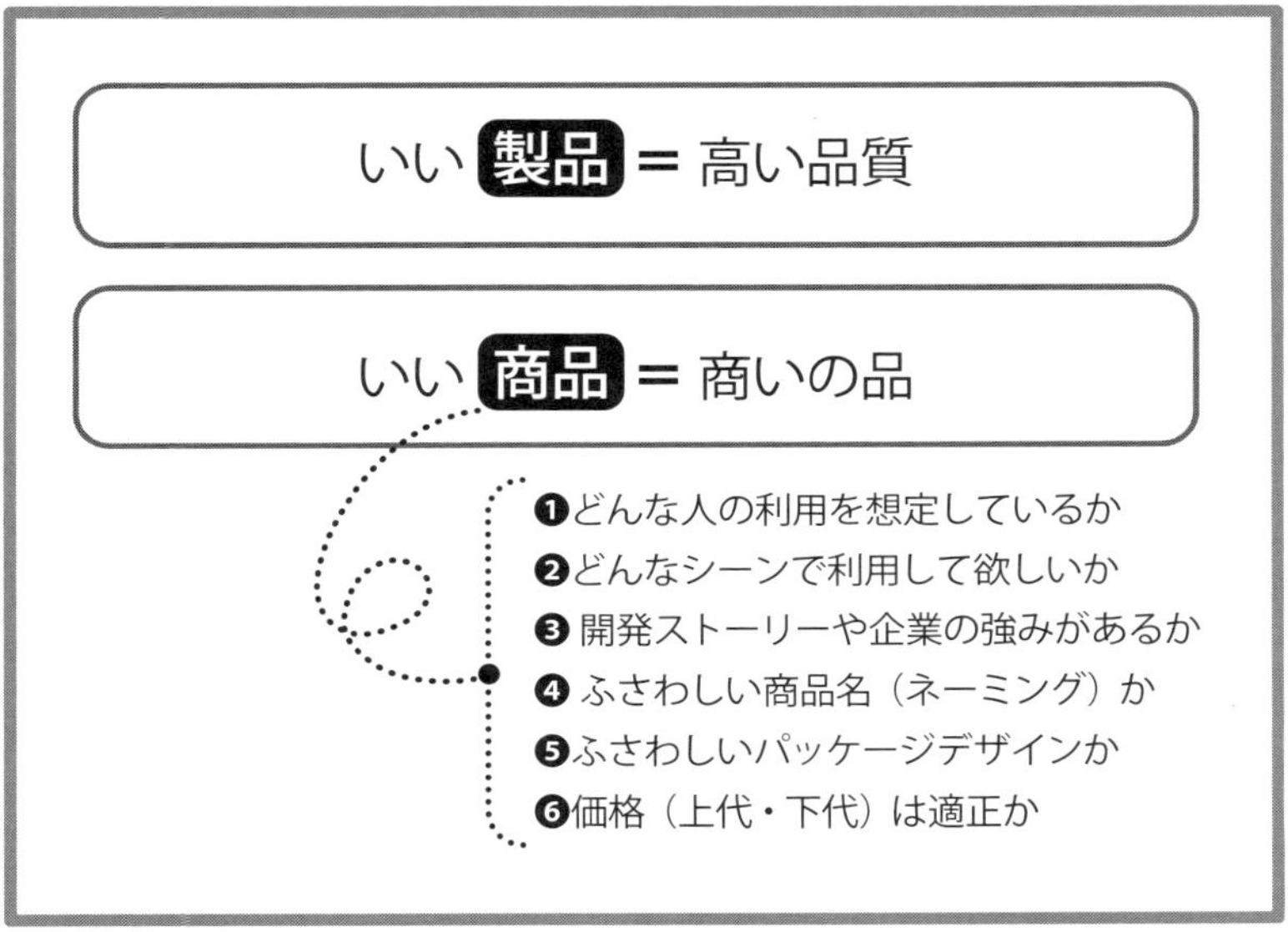
いい 製品 ＝ 高い品質
いい 商品 ＝ 商いの品
❶どんな人の利用を想定しているか
❷どんなシーンで利用して欲しいか
❸ 開発ストーリーや企業の強みがあるか
❹ ふさわしい商品名（ネーミング）か
❺ふさわしいパッケージデザインか
❻価格（上代・下代）は適正か

⑥価格（上代・下代）は適正か

①〜⑥が満たされていると、お客様は「買う価値がある」と認識します。

ギフトは買う人と使う人が異なっていて、贈り手が相手の好みや生活を想像した上で購入します。「こんな場面で利用すれば、これを手にした人の生活に潤いを与えられる、喜んでくれる」ということを、贈り手に伝えることができれば、購入に至ります。

その際、⑤「パッケージデザイン」が、中身の製品をより引き立てるための重要な要素になります。

ある意味、「製品」とは誰がどんなシーンで使うものかわからないものであり、消費者に付加価値を感じさせません。「商品」になってこそ、その価値に対価を支払うのです。価値を高めれば高めるほどに、提供側に販売価格を高く設定しやすくなり、利益を多く得ることにつながっていくのです。

商品作りの前に 2

ギフト通販に向く商品、向かない商品

ほとんどすべての小売商品はギフト化できる

ギフト商品と聞いてパッとイメージするのは、おしゃれで立派な化粧箱、綺麗な包装紙やリボンなどでラッピングが施され、中身の製品もおしゃれなデザイン、といったものかもしれません。

ところが、実際にギフトとして贈られているものは、皆さんが想像する以上に幅広いのです。左のページにあるように、食料品、日用品、生活雑貨、服飾雑貨、生活家電、生花・グリーン、アパレル用品――すべてが「ギフト」になり得ます。もちろん、ギフト需要の高低は商材によって異なりますが、ほとんどの小売用商品はギフト化できるのです。

儀礼的なフォーマルギフトでは、相手のサイズを知る必要のあるアパレルや指輪などは難しいですが、恋人、夫婦、親しい友人へのカジュアルギフトとしては十分に成立します。

どんな商品もギフト化できるのが「ギフトカード」

どうしてもギフトに向かない商材もあります。個人的な体の悩みを解決するダイエット商品や育毛剤などは、ギフトとしてはタブーです。ただし、ダイエット関連であっても、エステ券の体験型ギフトであれば成立します。お店で使用する金額だけが伝わるので、贈られた人が痩身目的で使うのか、肌のケアで使うのか、その用途は贈り手側にはわからないからです。

このように、ほぼどんな商品でもギフト化できる形が、ギフトカードです。贈られた人は券面の金額分をそのお店で自由に使えるので、ほぼどんな商材もギフトとして成立します。

ギフトに向く商品・向かない商品

【ギフトに向く商品】＝日常に使えるもの

消耗品

- 食料品／和洋菓子、水産・畜産・農産の生鮮3品、加工品（惣菜）、麺類、乾物、飲料（酒類含む）など
- 日用品／洗剤、石鹸、入浴剤、室内フレグランスなど

非消耗品

- 生活雑貨／タオル、寝具、食器、インテリア雑貨、キッチングッズなど
- 服飾雑貨／バッグ、財布、傘、アクセサリー、時計、ステーショナリー、ネクタイ、名刺入れなど
- 生活家電／キッチン（炊飯器・レンジ・ホットプレートなど）、室内（空気清浄機・加湿器など）、ヘルスケア
- 花・グリーン／生花、プリザーブドフラワー、観葉植物、造花など
- アパレル全般（アウター・インナーなど）

その他

- ベビーキッズ向け商材
- ギフト券（金券・買い物券・食事券・旅行宿泊券・エステ利用券など）

【ギフトに向かない商品】＝個人的な悩みを解決するもの

- ダイエット食品、ダイエットグッズ
- 健康食品
- 育毛剤
- アンチエイジングを謳う基礎化粧品
- 性生活に関連するもの

※「向かない商品」にあげたものも、気軽な身内同士でのパーティーの景品ではユニークギフト（ジョークギフト）として成立することもある

商品作りの前に

3 既存商品、日常品をギフト化する

個人的な悩みを解消するものを除き、ほとんどの小売り用商品はギフト用商品として販売することができるとお伝えしました。

それがごく日常的な商品であっても、まったく問題なくギフト用に転用することができます。そもそも、ギフト商品は自宅で使う日常的な商品から生まれていることが多いのです。

スーパーやドラッグストアで売られている有名メーカーの洗濯用洗剤は、ギフトとして今ではすっかり定着しました。お中元・お歳暮のインスタントコーヒーや食用油、ハムの詰め合わせも同様です。今ではギフトの定番として当たり前になりましたが、登場した時は画期的なギフト商品だったのです。

「専用度」が高いほど売れる

そういったギフトセットでも、自宅用の商品を単に箱に詰めるだけでは売れません。パッケージデザインを変えたり内容を調整したり、中身そのものを変えることもあります。

贈る側にとっても、普段、スーパーで売っているものと同じなら、贈りたくなるような魅力を感じません。ギフト化するには、既存の日常的な商品といかに違いを出すかがカギとなります。

さらに言えば、特定のギフトシーン・イベント専用の商品であるほど、よく売れます。母の日にカステラを売るのなら、「箱にリボンをつける」よりも『お母さん、ありがとう』のシールを貼ってリボンをつけるほうが売れますし、「お母さん、ありがとう」の焼き印を入れたカステラを作ったら、さらに売れるようになります。「母の日専用」の度合いが高まるからです。

自分用商品（日常品）をギフト（非日常品）に変換する

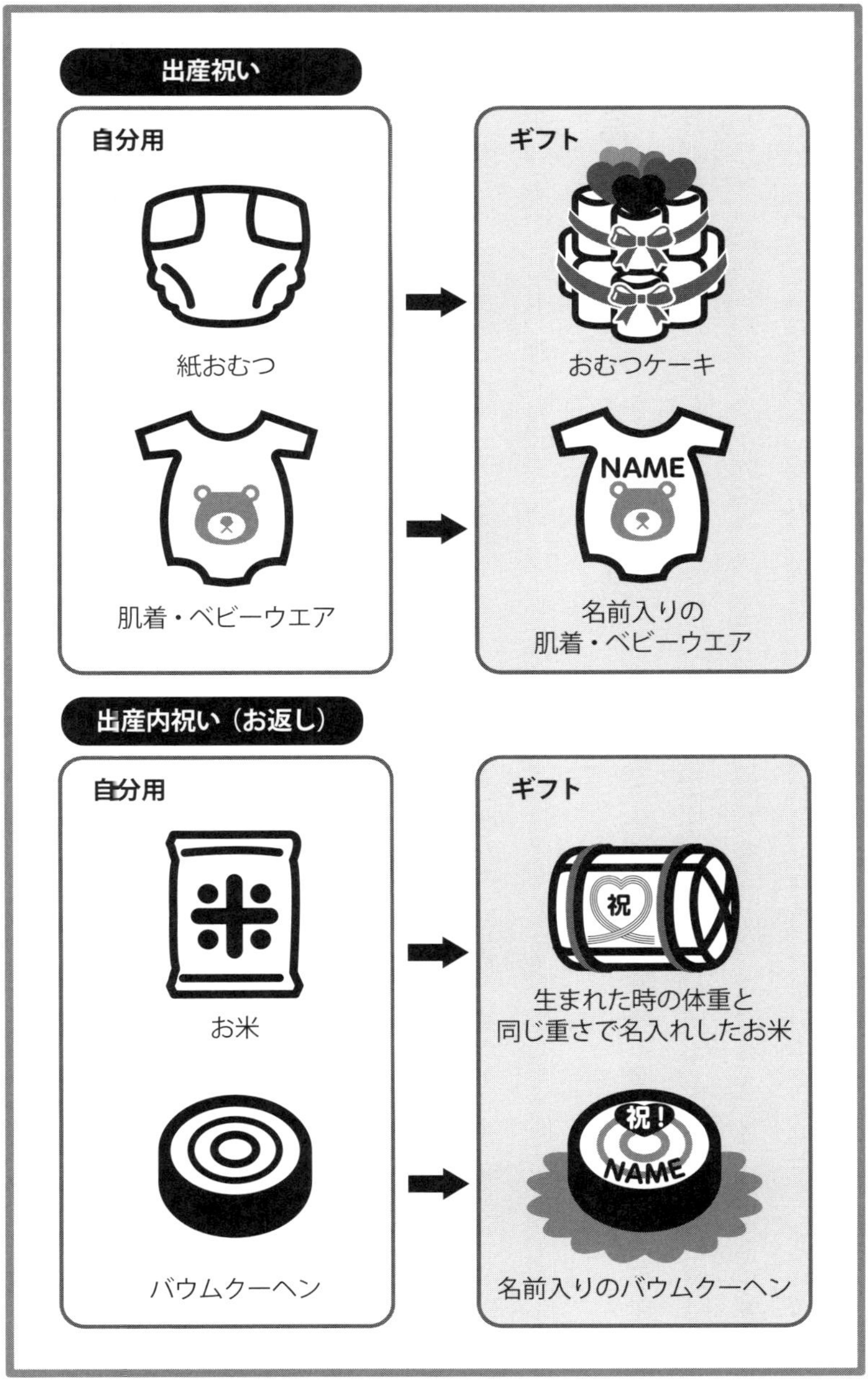

4

シーズンイベント活用の前に知っておきたいこと

企業が主導して、シーズンイベントを一般に普及させた例は数多くあります。

たとえば、ホワイトデーは福岡の老舗和菓子メーカーの石村萬盛堂さんが、マシュマロをバレンタインのお返しとしたのが最初というのが有名です。節分での恵方巻きは大阪の寿司屋がはじめたものをセブン-イレブンが一気に広めたと言われています。

願いのない商品は、記念日やイベントでも売れない

最近では毎月29日を肉の日にしたり、11月22日をいい夫婦の日にしたり、語呂合わせによる記念日は、1年間すべての日で、ある意味勝手に制定されており、そのほとんどが商業ベースのものです。

でも、ほとんどが定着していないと思いませんか。なぜ定着しないのでしょう？

それは定着しているイベントを見れば明らかです。定着しているイベントの根底には人々の願いがあり、商業ベースの部分は後からうまく組み合わせられています。

クリスマス、正月、中元、歳暮、母の日、父の日、土用の丑、恵方巻き、ハロウィン、バレンタインにはイベントの理由とこれまでの歴史がしっかり刻まれていることに人々が共感、納得し、そのイベントに相性のよい商品をしっかり見定めて買うことができているからです。

単に商品を売りたいがために強引に記念日を作っても、成功することは難しいでしょう。企業の論理で人の心は動かせません。定着しているイベントで利用される商品には、すべて願いが込められているのです。

多くの人に定着しているイベント

土用の丑の日

うなぎの蒲焼を食べる習慣

▶スタミナをつけて暑い夏を乗り切りたいという思いから

母の日

カーネーションを贈る習慣

▶アメリカの少女が亡き母に赤いカーネーションを捧げたことがはじまり

ハロウィン

お菓子を配る、仮装をして練り歩く

▶秋の収穫を祝い、悪霊を追い払う

お正月

餅を食べる習慣

▶歯固めの儀（健康と長寿を祈願して固い食物を食べる行事）に由来

バレンタインデー

チョコを贈る習慣

▶ローマ皇帝の結婚禁止命令に反対し、処刑されたバレンタイン司祭の死を悼む行事に由来

ギフト商品作り

5

贈り手の望みから逆算する

ギフト商品は「7W3H」で考える

ビジネスでよく使われる「5W1H」を聞いたことがあるでしょう。

物事を考える際に必要な、When（いつ）、Where（どこで）、Who（誰が）、What（何を）、Why（なぜ）、How（どのように）という6つの要素です。

ギフトではさらに4つの要素を加えて考えます。5W1Hに、Whom（誰に）、How many（どのくらい）、How Much（いくらで）、Wish（望み）の4つを足した10の要素で見てください。自家需要でもこの4つは発生しますが、ギフトではこの4つのプラス要素が購買決定においてとても重要な役割を果たします。

贈り物には贈る相手がいるので、「Whom」を考えるのは当然でしょう。ほとんどの場合、予算もあるため、「How Much」も欠かせません。ギフトは「シーン・イベントありき」とすでにお伝えしてきたように、「Why」を念頭に置いた商品が必要であることもおわかりいただけるでしょう。

WISHが叶えられる商品にする

とりわけ重要なのがWishです。贈りものに込められるお客様の基本的な思い、その本質は「相手に喜んで欲しい」ですが、その裏側には「気配り、気遣いの利いた贈りものだと思われたい」「センスのいいお返しだと思われたい」という、決して口には出さない自己顕示欲のような望みも隠れています。

そうしたWishが叶えられる商品であるのか？　ということろから逆算して開発を進めていくと、よりお客様に選ばれるギフト商品となります。

お客様に選ばれるギフト商品を開発するための「7W3H」

❶	Who	誰が	→ 私（主婦のお客様）が
❷	Whom	誰に	→ ママ友に
❸	Why	なぜ	→ 子供がお世話になったから
❹	How Much	いくらで	→ 2,000円で
❺	What	何を	→ おいしい洋菓子を
❻	How Many	どのくらい	→ ご家族で食べられるよう個包装で10個くらい
❼	When	いつ	→ 今度会うときに
❽	Where	どこで	→ 友人宅
❾	How	どのように	→ 手渡したい
❿	Wish	望み	→ センスのいいお返しだと思われたい

最後のWishが叶えられるように考える

提供する企業側から考えるのはNG

❶	Who	誰が	→ 会社が（お店が）
❷	Whom	誰に	→ お客様に
❸	Why	なぜ	→ 売上が欲しいから
❹	How Much	いくらで	→ 5,000円で
❺	What	何を	→ 新商品を
❻	How Many	どのくらい	→ あわよくば1人2つくらい
❼	When	いつ	→ 今すぐに
❽	Where	どこで	→ Webで
❾	How	どのように	→ 自社HPで注文
❿	Wish	望み	→ 儲けたい

ギフト商品作り

6

商品企画の際に押さえるべき3つのT

作り手・伝え方・届き方

リアル店舗での買い物と通販での買い物とを比較し通販の最大の魅力は、店舗へ足を運ばなくとも利用できる「利便性」です。しかし、今や利便性だけでは利用されません。そこで、ギフト通販ビジネスで押さえておきたいのが「作り手・伝え方・届き方」の3つのTです。3つのTを意識して、通販のマイナス点を補ってください。

届き方がなってなければすべてが水の泡

通販の最大のマイナス点は現物を手に取って見られないこと。だからこそ大事なのが、まず1つ目のT「作り手」。商品には必ず作り手の想いがあるはず。手に取ることができない分、作り手の思いをコピーや写真（動画）で表現します。

2つ目のTは「伝え方」。リアル店舗なら、商品を見てわからないことがあれば、その場で店員さんに確認できますが、通販なら電話やメールで問い合わせる手間がかかります。問い合わせを最小限に抑えるよう、写真やコピーで商品のスペックや価値を過不足なく伝える必要があります。

3つ目のTは「届き方」。このTに不備があると、すべての努力が水の泡となります。通販においては、お客様とのリアルな接点は、商品が手元に届けられた時のみ。その瞬間に最良な状態であるために、梱包資材を用意し、出荷フローを組み立てます。

「届き方」は自家需要の通販でも重要ですが、大切な人に贈るギフトの場合はより一層重要で、失敗の許されないポイントです（詳しくは7章）。

3つのTで通販のマイナス点を補う

マイナス 1 商品を手に取って見ることができない

⇩

＋プラスへ 作り手の想いをコピーや写真（動画）で表現する

（作り手のT）

マイナス 2 わからない点を店員さんにその場で聞けない

⇩

＋プラスへ 写真やコピーで商品のスペック・価値を過不足なく伝える

（伝え方のT）

マイナス 3 商品を自分で持ち帰るのではなく、届くのを待つ

⇩

＋プラスへ 商品や箱の破損などがないよう、適切な梱包資材を選び、出荷フローを慎重に組む

（届き方のT）

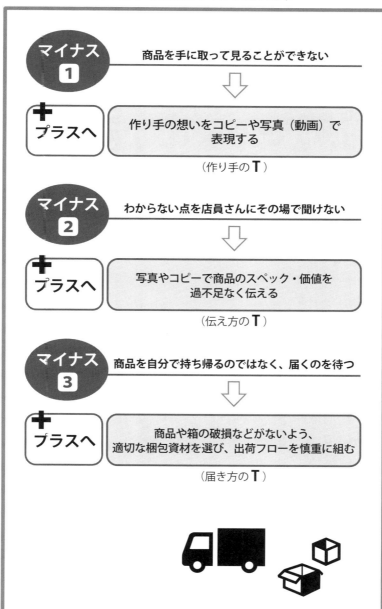

ギフト商品作り

7

自社商品のポジションを設定する

自社の商品は「ギフト」か「プレゼント」か

自社の商品はどんなシーンに適しているかを考える際、「『ギフト』なのか『プレゼント』なのか」という観点で見るのも一案です。

「ギフト」「プレゼント」という言葉は同じ意味合いで用いられることも多いのですが、私は似て非なるものとして捉えています。「ギフト」が儀礼的でかしこまった感じがするのに対し、「プレゼント」は気軽で日常的、身近な雰囲気です。

左の図で言葉の印象、関係性、価格帯のイメージを表わしました。これらの延長線上にある利用シーンには、大きな違いがあります。「ギフト」の場合、お祝い事のご祝儀や年末のお歳暮など比較的遠い関係性、「プレゼント」の場合は、誕生日やクリスマスなど近い関係性の人になる場合が多いでしょう。

ポジションを考えることで利用シーンが浮かびあがる

あなたの会社やお店の商品は、「ギフト」用途なのか「プレゼント」用途なのかを考えてみてください。さらにどのようなギフト用途に適しているのかを可能な限り洗い出してください。1つの商品でも「ギフト」「プレゼント」の両方に適している場合もありますし、基本的にできるだけ幅を広く持たせて販売していくのが得策です。

無理やりこじつけることが目的ではなく、「この商品はギフト」「この商品はプレゼント」と自分たちで定義することによって、商品のイメージがクリアになり、お客様に適切なアプローチができるようになるのがメリットです。

自社の商品は「ギフト」か「プレゼント」か？

	ギフト	プレゼント
イメージ	かしこまった感じ 儀礼的 特別感	軽い感じ 日常感 サプライズ感
相手との関係性	遠い （仕事相手・知人・友人） 	近い （親族・親友・恋人） 
商品の価格帯	中〜高	低〜高（幅広い）
イベント・シーン	中元 歳暮 内祝い　など 	誕生日 結婚記念日 各種お祝い　など 

自社商品が「ギフト」か「プレゼント」かで利用シーンが変わってくる

8 ギフト商品作り

「自社独自の強み」を商品につなげる

どんな商売にも言えますが、自社の強みを生かした「独自化」はとても重要なポイントです。特にネット通販の世界で膨大な数のECサイトと戦うためには、独自化された商品やサービスは絶対条件と言えます。

商品やサービスを向上させる以前に、自社（店舗）の強みを知ることが先決です。わかっているようで意外にわかっていないのが、この自社の強みです。

自社の強みを知るには、自社の優良顧客の中から10名程度の方に、商品面やサービス面以外に「なぜ利用していただいているのか」を直接聞いてみるのが有効です。この利用する理由こそが自社の強みであり、他社に勝る要素がたっぷりと詰まっているのです。

主力商品はもちろん、今までさほど売れていなかった商品であっても、見出した自社の強みをしっかり表現すれば、それだけで商品を独自化できます。中身の商品はこれまでと同じでも、パッケージに自社の強みを表現したり、ネーミングを変更したり、広告表現や営業企画書に自社の強みを盛り込むだけでも大きく変わってきます。今あなたの会社の商品の売れ行きが今ひとつ伸びていなかったり、衰退しているようであれば、ぜひ自社の強みをつけ足してみてください。

独自化と差別化は違う

混同しがちなのが独自化と差別化。差別化は、同質化された中から他社より優れている点を磨くことで、スペックや価格差を出すことですが、追いつ追われつで競合になりやすく、やがては疲弊していきます。対して独自化は、他社が簡単には真似できない、その企業でしか成し得ないものとすることです。企業の持つ伝統や、技術力、営業力が独自の場合もあるでしょう。

「強み」を顧客に聞く

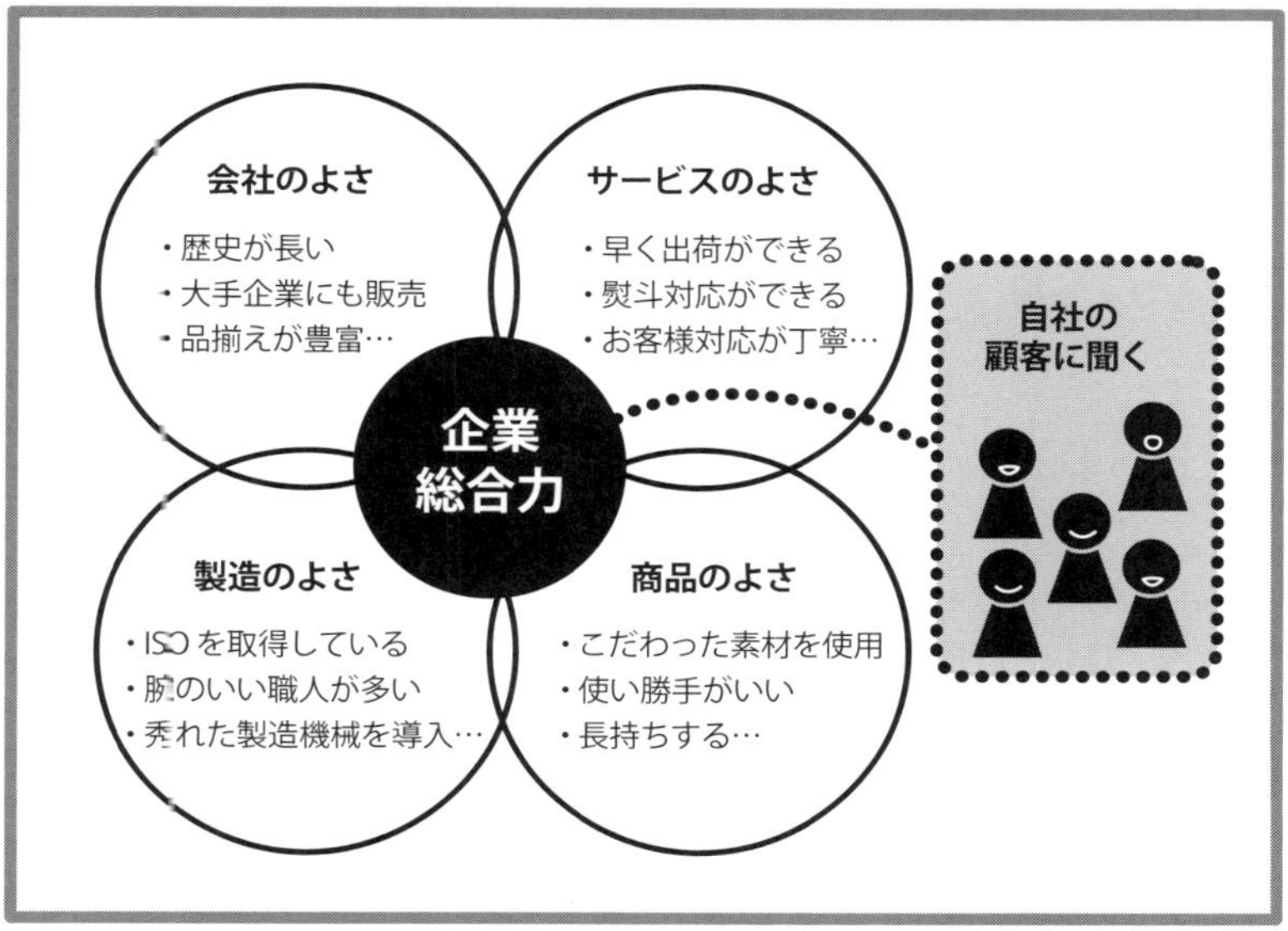

差別化と独自化は違う

差別化

同質化された中から他社より優れている点を磨くこと。スペックや価格で差を出すことが多い。競争になりやすく、やがて疲弊する。

独自化

他社が簡単には真似できない、その企業や店でしか成し得ないものであること。企業の持つ伝統・実績、技術力、営業力など。

ギフト商品作り 9

納得できる価値を盛り込む

喜んでもらえるギフトには、それだけの価値が含まれている必要があります。それも、押しつけがましく説得するようなものではなく「ああ、なるほどね。これなら喜んでもらえそう」と贈り手に自然に納得していただくものでなければなりません。

たとえば和牛ハンバーグのギフトなら、「ステーキで使われる黒毛和牛サーロインだけを100％使用したハンバーグ」「最大7ヶ月待ちを記録した……」「1人の熟練職人がすべて手作りし、1日10セットしか作れない」といった価値が考えられます。素材の人気が高いこと、希少であることなどを具体的な数字とともに表現しましょう。さらに、キャッチコピーで商品のことだけでなく、もらう相手の気持ちが表現されていると、説得型＝プッシュ型ではなく、実際に喜んでいる姿が想像できるような、納得型＝プル型になります。

価値伝達ポイントを開発時に盛り込む

価値の伝達＝広告宣伝、営業活動だと捉えられがちですが、価値は商品開発の時点で十分に盛り込んでおく必要があり、それが事業の成否を分けます。

ギフトと自家用では形は違いますが、願い、望みが込められている商品かどうかという点は共通します。

これはどのような商い（BtoBであっても）であっても同じです。お客様に利用価値、メリットや体感、満足を提供することは言い換えれば、お客様の願い、望みを満たす商品やサービスであるということであり、そこにすべてが集約されます。

そしてこの価値の創造は、お客様のベネフィット（満足）の創造でもあるのです。

どうすれば商品の価値を伝えられるか

❶ ギフト商品の価値（ベネフィット）とは？

▶ 手に取ったお客様に喜んでいただくこと（もらい手）
▶ 結果、（贈り手）の喜びになる

❷ 企業やお店がギフト商品の価値を伝える相手は？

▶ 購入されるお客様（贈り手）のみ

「価値説得型」と「価値納得型」キャッチコピーの例

価値説得型：商品の価値だけを表現

「黒毛和牛使用の贅沢なハンバーグギフト」

価値納得型：もらい手の体感＋商品の価値

「溢れる肉汁に笑顔が広がる、熟練の職人が手作りした、
黒毛和牛使用の贅沢なハンバーグギフト」

↑
もらい手の喜びを想像する

10 ギフト商品作り

ネーミングとパッケージを連動させる

ギフトの商品開発において、ネーミングやパッケージングはとても大きなウェートを占めます。ネーミングとパッケージのイメージがしっかり連動していて、お客様にとってわかりやすい状態になっているかどうかがキーポイントです。

ネーミングとパッケージの進め方と重要性

自社内でデザインまで手掛けている場合もあると思いますが、専門の会社やプロのデザイナーに依頼するのが一般的でしょう。その場合でも重要なのは、まずは自身で基本となるプランをしっかりと立てているかどうかです。プロは手早く優れたネーミングやデザインを考え、仕上げてくれます。しかしお客様は敏感ですので、仮に聞き心地のいいネーミング、綺麗なパッケージができ上がったとしても、作り手の考えが反映されていないと、心が通っていない商品である印象を直感的に持たれてしまいます。

自分自身でまずは形にする

最初からプロに丸投げするのではなく、決して完成形でなくても、ネーミングもパッケージデザインもまずは自身で考え、イメージすることです。その上でプロの意見も聞きながらブラッシュアップして最終的に仕上げていきます。

ネーミングもパッケージデザインも手に取っていただくために存在します。その前提として、買っていただきたいではなく、使っていただきたい、よさを体感してほしいという作り手の想いが必要です。

1つの商品になった瞬間に、ブランド力の違いはあっても、大企業か中小企業の商品かは関係ありません。

ネーミングとパッケージを考える

はじめる前に	・どんな人に利用して欲しい商品なのか、利用価値はどこにある商品なのかを十分に考えておく
ネーミング	・生みの苦しみはあるが、商品開発者自身が考える ・考え抜いたネーミングをスタッフ間でも検討してみる
パッケージング	・お客様が受け取った時の印象をイメージする ・表現したい雰囲気・イメージカラーなどを商品開発者が考える
イメージがまとまったら	・プロの制作会社・制作者にイメージと意図を伝える ・プロからの提案も受けてみる ・ベストなネーミング、パッケージを採用

最初から、クリエーターや制作会社に丸投げしないことが大事

売れる商品の5大要素とギフト特有の点

ここまでギフト商品の作り方について述べてきました。ポイント別に解説してきましたが、シンプルに言うと「商品はお客様と企業やお店をつなぐコミュニケーションツール」であり、ギフト商品は同時に「贈る人と贈られる人のコミュニケーションツール」であるということです。

「誰に」「どんなシーンで」から考える

通販商品の開発・設計においては、自家需要向けでは左の図に示した5つの要素（販売戦略・価格設計・マーケティング・商品の強み・自社の強み）が必要だと私は定義しています。

ギフトの商品開発もベースは同じですが、ギフト商品を通販で買うお客様は、これまで述べてきたように「誰に、どんなシーンで、どんな商品を、いくらの購入予算で、いつ届けてもらうか」を重視している点が自家需要向けとは大きく異なります。

特に「誰に」と「どんな利用シーンで」がギフト特有のものです。

出産祝いをくれた人へお返し（内祝い）をする場合でも、相手が会社の同僚なのか、親友なのか、夫の両親なのか、さらに、いただいた金額がいくらなのかによって、購入予算や選ぶ商品が変わってきます。

そういったことを踏まえて、ギフトとして開発する商品は「誰に」と「どんな利用シーンで」が何より先に考える要素です。その上で、さまざまなアイデア・角度から設計を進めてください。

ギフトを利用するお客様の心理を起点に設計することが、売れるギフト商品の開発につながるのです。

商品開発に必要な要素

◆最適なギフトシーズンイベント

・お子様へのクリスマスプレゼントに
・母の日にオススメ
・出産祝いをくれた同僚へのお返し（内祝い）に
・友人の結婚祝いに……など

◆最適なギフトシーン

・彼氏への誕生日プレゼントに
・奥様への結婚記念日のプレゼントに
・おじいさんの還暦祝いに……など

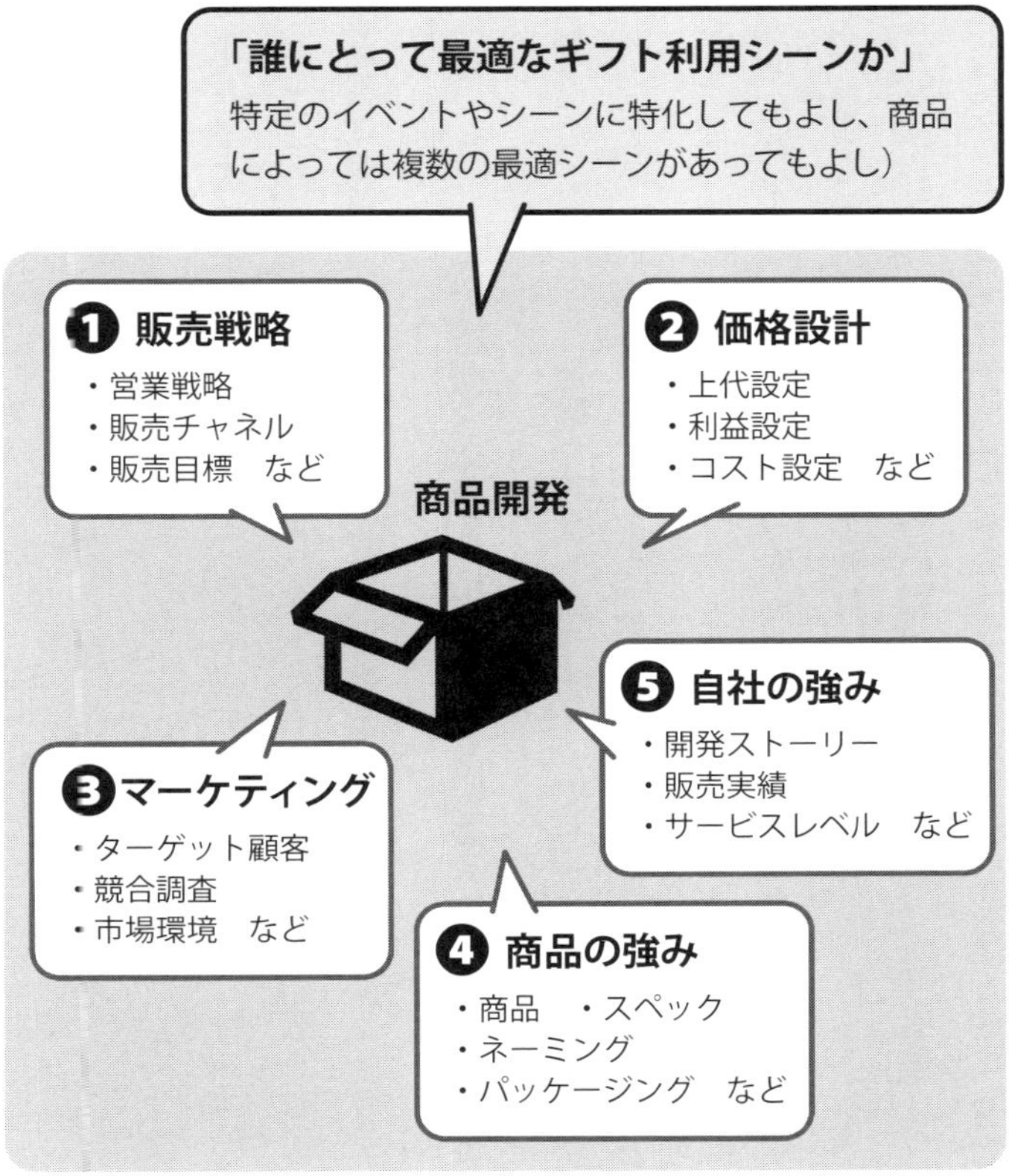

12 ギフト商品作り

成果の出るクリエイターへの依頼法

通販広告のクリエイティブを、専門業者やクリエイターに発注するケースが多々あるかと思います。

専門業者やクリエイターに直接依頼する場合、費用もかかることなので、発注側からすれば大きな効果や期待を寄せます。

プロに依頼する際に最も難しいのは、何をどのようにして欲しいのかを明確に伝えること。いくらプロと言えども、ほとんど何も知らされない丸投げのような状態では手の施しようがありません。にもかかわらず、このような状態でもビジネスと割り切って請け負う業者やクリエイターも中にはいます。期待には程遠い結果になるでしょう。そうした状況はお互いによくないのです。デザインなど細かいことは任せて、依頼する内容の目的とそこから得たいと思う結果を伝えることが、クリエイティブ魂を最も引き出します。

予算は基本的に値切ってはいけません。モチベーションを下げ、予算なりのものしかでき上がりません。予算が決まっている場合、この予算内で目指す結果を得ることが可能かどうかを先に打ち合わせをしてから進めるとスムーズに事を運べます。

通販・ギフトに熟知している人に頼むべきか?

通販やギフトのデザイン実績が豊富な制作会社や印刷会社、クリエーターもいます。そういったところへ依頼すると、スムーズで安定したアウトプットを得られやすいので安心です。

反対に、専門外のところに依頼してみるのもまたよしです。得たい結果とその意図を、より明確かつ詳細に伝えることが求められますが、想定を超える斬新なアウトプットが得られることがあるからです。

一流のクリエイターと二流のクリエイターの違い

一流のクリエイター

①クリエイティブ能力を存分に発揮できる仕事かどうかを重視
②価格も大事だが、それだけを見ているわけではない
③能力を発揮するための必要予算は重要

▶**最大限のアウトプットが出てくる**

二流のクリエイター

①自身のクリエイティブ能力の発揮よりも、受注できるかどうかを優先
②低予算でも、丸投げでも請け負う

▶**予算なりの“安かろう悪かろう”に**

発注側が心得ること

①事前に予算を伝える
②目的、得たい結果を伝える

下請け業者という立ち位置にせず、一時的にであっても自社の社員のように同じ志を持ってもらうようにする

1本60万円のボトル入り緑茶

価格帯別の商品ラインナップが秀逸

ロイヤルブルーティージャパン株式会社（神奈川県茅ヶ崎市）

日本茶製品の概念を覆す製造・販売会社があります。超希少な手摘み高級茶のみを使用した、こだわりのワインボトル入りのボトルドティーを販売している、ロイヤルブルーティージャパンという日本の会社です。

オンラインショップのプライスリストでは、縦にお茶の種類、横に価格帯別にラインナップを紹介。価格帯は5段階あり、それぞれ「デラックス」「グランド」「インペリアル」「プレミアム」「スーパープレミアム」とクラス分けされていることで、商品の種類と特徴がひと目で理解できます。

最高ランク「スーパープレミアム」に位置し、究極のお茶と言えるのが、60万円の「キングオブグリーン ホシノ スーパープレミアム」。こういった価格帯があることで、5000円のお茶が買いやすくなる効果を生んでいます。

どの商品も一般的なものに比べて高額なので、それに見合う、スタイリッシュで高級感のある商品ラベルやパッケージデザインが施され、ラベルへの名入れサービス（有償）も用意されています。

このような常識を凌駕する真のプレミアム商品が、企業のブランドイメージを構築します。「あの高価な商品を作っている会社だから、どの商品もすばらしいのだろう」という認識につながるのです。

プレミアム商品の開発は容易ではありませんが、チャレンジする価値は十分にあります。

ロイヤルブルーティー　オンラインショップ
http://www2.enekoshop.jp/shop/rbt/

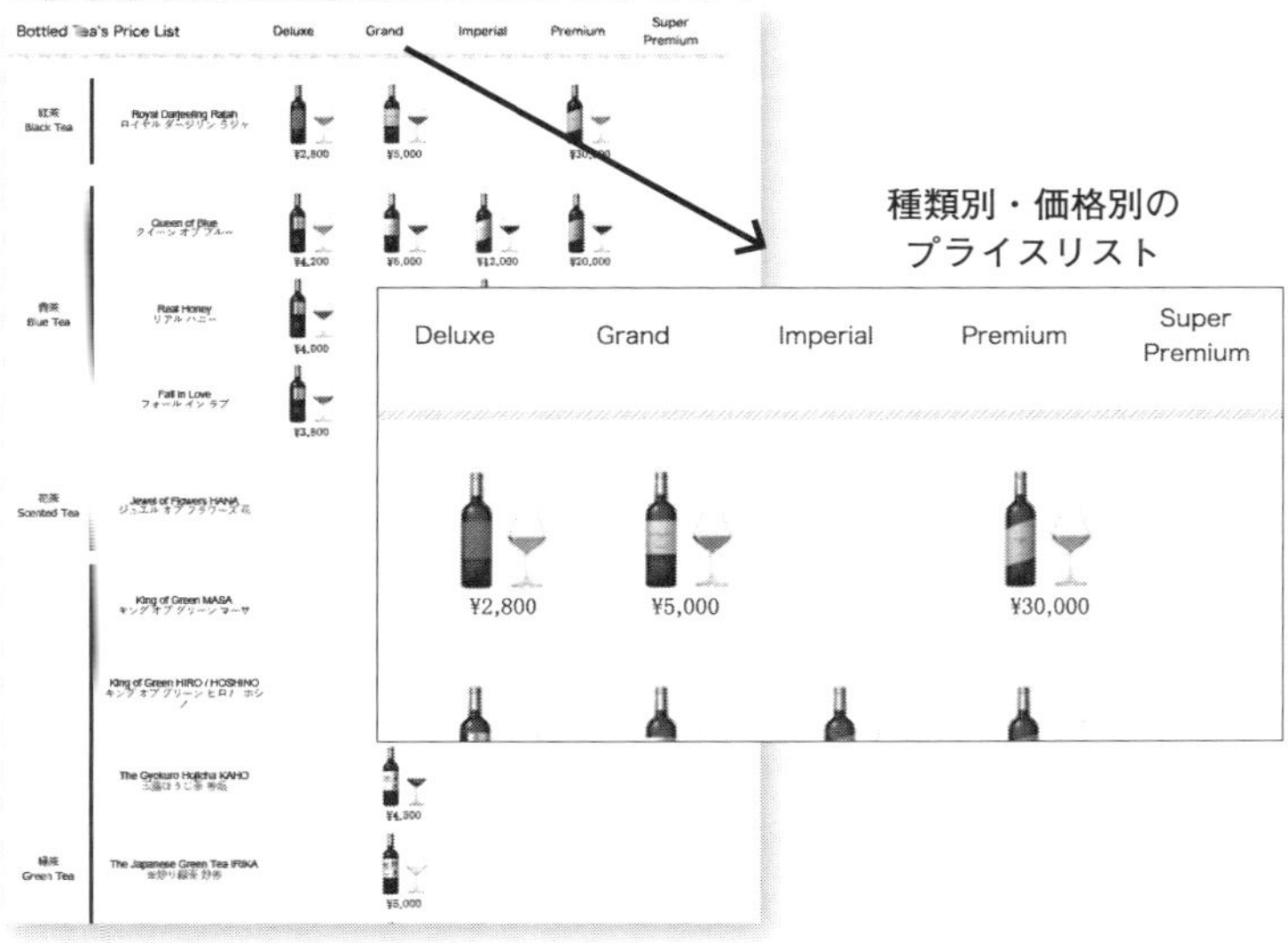

種類別・価格別の
プライスリスト

キング オブ グリーンヒロ プレミアム
木箱入り

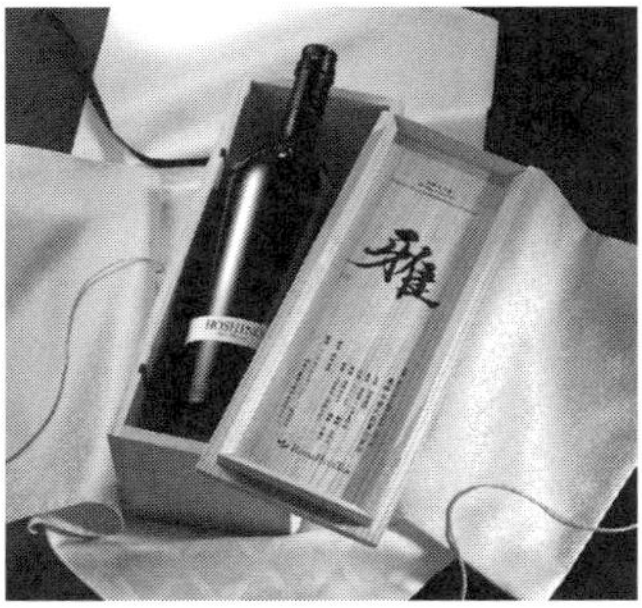

1本60万円の
キング オブ グリーン ホシノ
スーパープレミアム専用桐箱入り

4章

経営効率を最大化する「ギフト通販」の品揃え

マーチャンダイジング

1 小売業の根幹はマーチャンダイジング

マーチャンダイジングをひと言で言い表わすと「商品化計画」です。そこには品揃えをどうするか、商品のみならず事業運営全体の品質をどう設計するかということも含まれます。マーケティング活動＝販売活動を行なうにあたって事前に商品を製造（もしくは仕入れ）し、流通計画を組み立てて実行し、目標を達成させる人がマーチャンダイザー（ＭＤ）です。

通販特有の重要ポイント「宅配物流」

通販のマーチャンダイジングも一般流通と基本的には同じですが、一般流通にはないのが、まず「宅配物流」と「梱包」です。通販ビジネスにおける、お客様との唯一のリアルな接点が宅配物流で、事業の成否を握ると言っても過言ではない重要な工程です。

さらに、包装ラッピング、ペーパーバッグやメッセージカードの同梱、熨斗の貼りつけなど各種ギフトサービスへの対応も一般流通にはない工程です。それら資材の発注・管理も大切で、商品在庫があっても、各種資材が足りなければ、出荷できない事態に陥ります。

もう1つの通販の重要ポイント「コールセンター」

「コールセンター」（顧客対応サービス）も、通販ビジネスならではのものです。コールセンターは、お客様と直接やり取りを行なう重要な部署ですが、顔が見えない分、対応に慎重さが求められます。特にギフト通販では、商品情報だけでなく、ギフトの基礎知識に関する問い合わせも含まれるので、きちんと回答できるよう準備しておきます。ここでの対応（クレーム対応も含め）が優れていると、企業やお店の信頼を得やすく、特に〝ファン作り〟の面で大きな力を発揮します。

一般的な流通の流れ

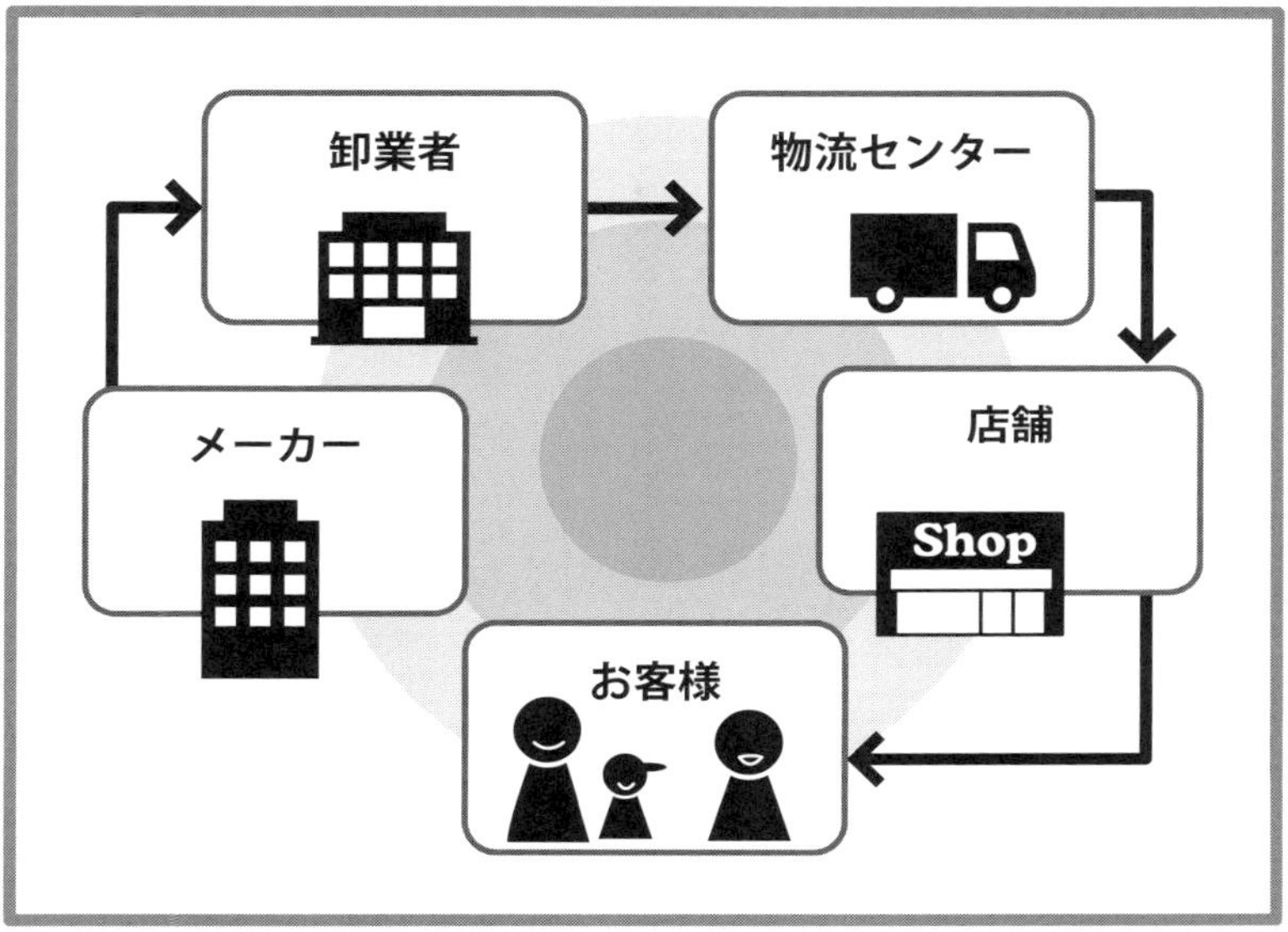

一般的な通信販売の流れ

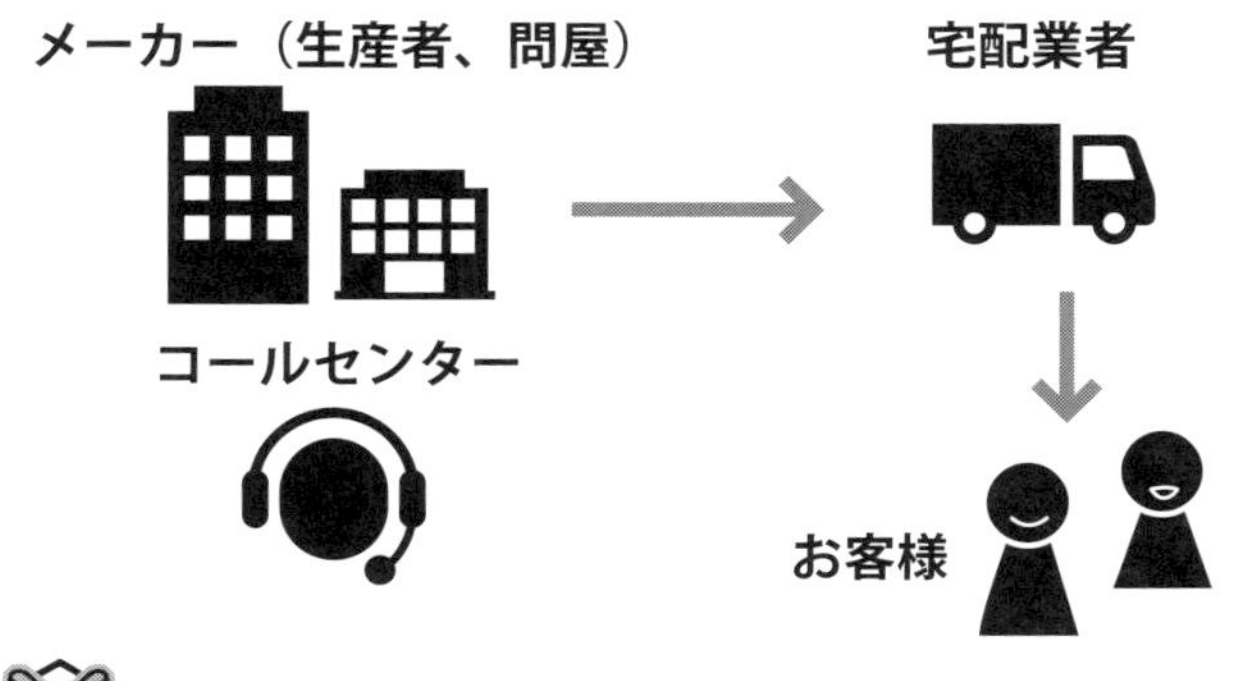

宅配物流とコールセンターは、売上を直接あげる業務・部門ではないが、絶対に軽視してはいけない。全体設計がしっかりできているほど、お客様の信頼を得て、長く愛される企業・お店になる

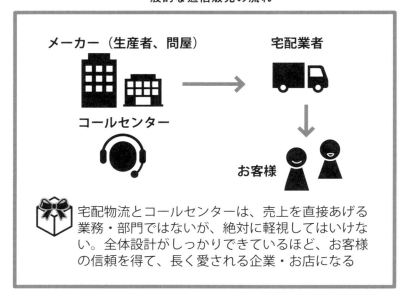

マーチャンダイジング

2

通販はデータがすべて

通販のマーチャンダイジングの大きな特徴は、データに基づいて全体が運用されている点です。小売店とは異なり、通販では「誰が、いつ、何を、いくらで」買ったのかがデータによってわかります。さらにネット通販では、「どんな検索ワードで、どのページから流入し、どこをクリックしたか」というアクセス解析も可能です。

広告宣伝・分析

通販における店舗は媒体（ウェブサイトやカタログなど）であり、営業活動は広告宣伝です。どんなに魅力的な商品があっても、広告投資効果の結果分析や顧客データ分析などから、この2つの精度と効果を常に高めていかなければ、事業の発展・成功にはつながりません。

投資した広告費に対してどれだけの額を稼いだか、そうしたデータを常に検証し、次にどんな広告をどの媒体に出稿するかを決定します。

システム運用

通販のマーケティングからマーチャンダイジングのすべてを支える土台がシステムです。

お客様の受注入金管理などの顧客データ、コールセンターとの連携、商品発注や物流との連携、販売データの蓄積など、事業すべてのデータがこの運用システムに集中します。

通販は「データベースマーケティング」と言われるほどデータベース・運用システムに依存するビジネスです。通販ビジネスの核とも言える部分なので、特に顧客情報漏洩には対策をしっかりと講じておかなければなりません。

通販のマーチャンダイジング

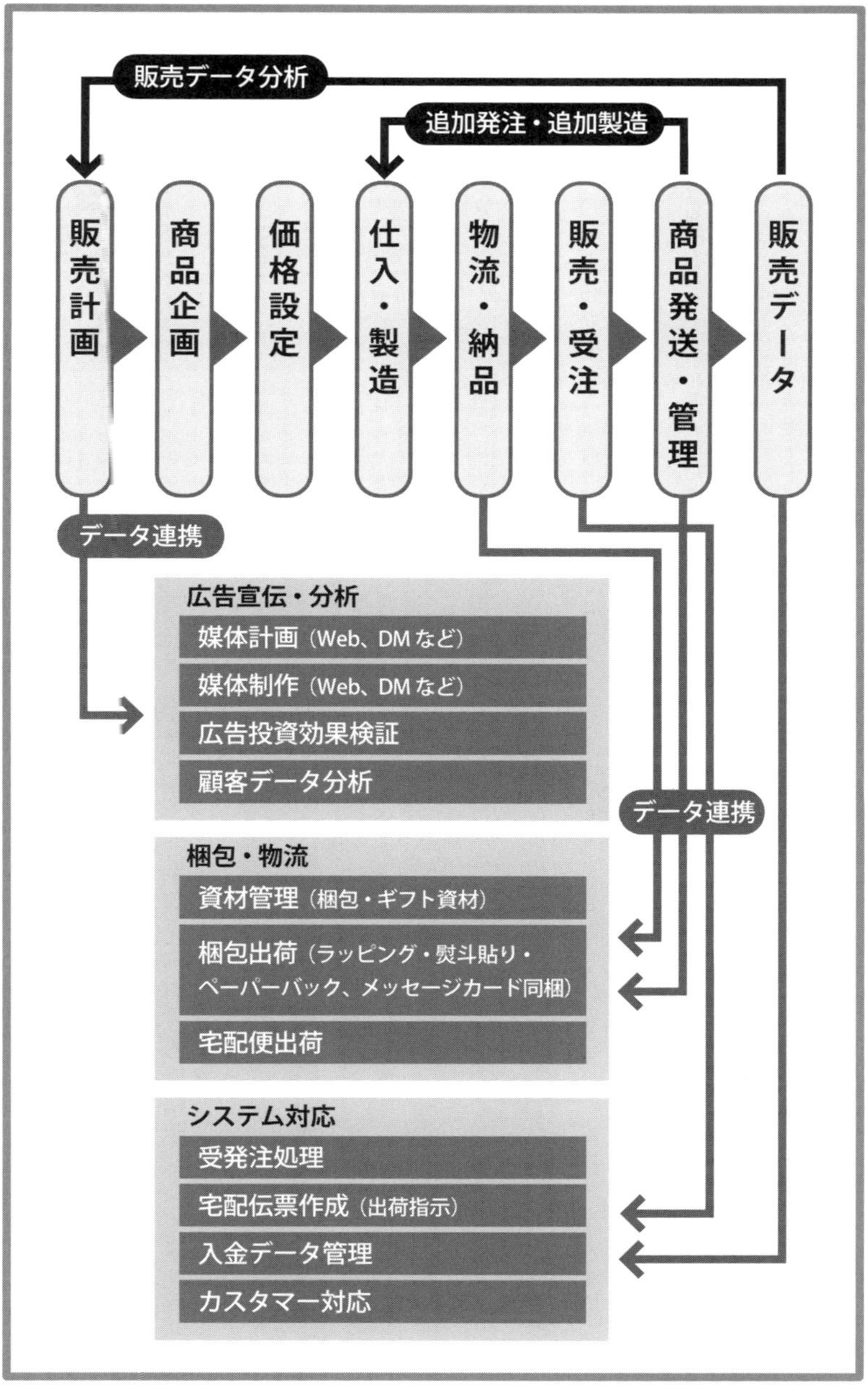

マーチャンダイジング 3

価格は「ポジショニング」で設計・設定する

1つの商品を上下に広げる

まず、販売のコア（核）となる価格帯の商品が決まったら、そのコア商品に対してスペック・内容の違いなどを盛り込みながら、上下の価格帯へと広げます。これにより、たった1つの商品から低価格帯・中価格帯・高価格帯へと幅広い展開が可能になります。

まったくテイストの違う商品を違う価格帯に散りばめるのは効率的ではありません。似たテイストの商品の中で、価格差に応じた価値の差がより明確に表わされていることで、お客様にとってわかりやすく、選びやすいラインナップとなります。

左の図では、1000〜1500円を手軽なプレゼント、2000〜5000円のコア商品までをギフト、8500円〜1万5000円をプレミアムという形に表わしています。

これがギフト販売における価格ポジショニング設定です。

価格設計〜価格決定の基本的な考え方

一般的な感覚として、プレゼント＝低価格帯は、ちょっとした手土産や友人などへのプチギフトとして、ギフト＝中価格帯は、儀礼的なお返しや贈り物に、プレミアム＝高価格帯は、高額なものやお祝い金をいただいた方へのお返しだったり、家族・恋人・親友など、限られた親しい間柄での特別なギフトが想定できます。

こういった価格ポジショニングを設定すると、価格帯別に揃うカタログギフトでの多面展開も容易に行なうことができます。

コア商品から上下に展開する

マーチャンダイジング 4

1つのコア商品から品揃えを広げる

ギフトではたった1つの商品を軸に、品揃えを拡充していくことができます。具体的に、コア商品を軸に広げていく例を説明しましょう。

精肉・バッグの品揃えを広げるなら

左の図では例として、すき焼肉のギフトを想定しています。お肉ですからグラム数での調整ができます。仮に500g・5000円上代の商品をコアに設定した場合、上下左右に8商品、合計9商品を生み出すことができます。商品はほぼ同じでも、購入予算や利用シーンの違いでお客様の選択はよりシンプルで決めやすくなるでしょう。

雑貨、たとえばバッグの場合なら、バッグ単体をコア商品とし、同じ素材のポーチや財布を組み合わせるなどして別の価格帯を作ってみてください。コア商品をまず設定することが基本になります。

品揃えで点でなく面を作る

単品だけの販売では、どんな商品でも機会損失を起こしがちです。特にギフトの場合は事前に購入予算が決められているケースが多いため、価格帯も重要です。ある程度離れた価格帯になるよう設定し、同じ商品、同列的なシリーズ商品なら面での品揃えを行なうことで、販売機会をより多く創出することができます。

この面作りが、「どうぞお選びください」ではなく、お客様に選んでもらえるよう「誘導」することにつながります。

何を選べばいいのか悩むことが多いギフトシーンにおいて、非常に重要なことです。

精肉とトートバッグの品揃え拡充の例

精肉ギフト　150g/250g/300g/500g の 4 種で設定した場合

価格帯	個分け	内容量	コラボ
3,000円	150g 150g	300g	250g ＋付属品
5,000円	250g 250g	コア商品 500g	150g 250g ＋付属品
10,000円	250g 250g 250g 250g	500g 500g	500g 250g ＋付属品

消費財（香水・アロマ・石鹸洗剤など）は同じような設定ができる

レディーストートバッグをコア商品で設定した場合

価格帯	バリエーション	サイズ	コラボ
5,000円	ポーチ	トート（ミニ）	
	ショルダー		トート（ミニ）＋ポーチ
10,000円		コア商品 トート	トート（ミニ）＋ショルダー
		トート（ビッグ）	トート（ミニ）＋ポーチ＋ショルダー
15,000円		トート＋トート（ミニ）	トート＋ポーチ
			トート＋ショルダー
			トート＋ショルダー＋ポーチ
20,000円			トート（ビッグ）＋ポーチ
			トート（ビッグ）＋ショルダー
25,000円		トート＋トート（ビッグ）	トート（ビッグ）＋ポーチ＋ショルダー

アクセサリーやメンズビジネス雑貨でも同じような設定ができる

- コア商品を作ったら、その下、もしくはその上 2〜3 段階の価格帯で商品を広げる
- 同じ商品を複数、または関連する商品を組み合わせる
- 自社に組み合わせる商品がない場合は、他社商品とのコラボも考える
- 商品単体からでなく、企画として考えて広げる

プレミアム化

5 プレミアム感のある商品を用意する

「ギフト」に必要な要素は「プレミアム感」です。食べ物であれば松阪牛などの高級ブランド牛をもらったら誰でも嬉しいものでしょう。

だからと言って、プレミアムな物が必ずしも「ブランド」を意味するわけではありません。たとえば、平均単価が150~200円の笹かまぼこ屋さんで「1日限定50枚・1枚500円」の笹かまを作ったなら、それはプレミアムな商品です。希少性があるかどうかが「プレミアム」の条件なのです。

意外なニーズに気づくことも

プレミアム商品を幅広い用途で販売していく間に、意外なニーズに気づくこともあります。

たとえば、素材にこだわった傘なら、還暦や傘寿などの長寿の祝いにもなれば、就職祝いにもなります。誕生日や母の日や父の日、敬老の日のような記念日にも選ばれます。自分へのご褒美というギフトにもなるでしょう。こうしたプレミアム感溢れる商品なら、提供側の想定を超えて、自然とギフト需要が喚起されます。

プレミアム商品の波及効果とは

ある程度高価格で、自社・自店の顔となるような商品は、数多く販売することが目的ではありません。売れるに越したことはないのですが、1ヶ月に数個しか提供できなくても構いません。

そのような商品が提供できる企業、お店であるという事実が、一番の稼ぎ頭であるメイン商品もきっと優れているだろうというイメージを生み出してくれるのです。プレミアム商品は、口コミ効果やブランディングの向上に寄与してくれる重要アイテムです。

プレミアム商品が企業・店の好循環を生む

高品質、高価格でフラッグシップ的な、
独自のプレミアム商品を作ると…

↓

企業価値とその他の商品価値の見え方に対して、
確実に信頼性が上がる

↓

無茶な値下げや
安価な商品を
要求されにくくなる

↓

プレミアム商品以外の
主力商品を安く感じて
もらい売りやすくなる

↓

全体での価格競争が避けられるので、
利益率の向上が期待できる

プレミアム商品の例

300ml　14,000円
サンナホルの
シャンプー

Mercedes-AMG S 65 Cabriolet
35,390,000円
国内ベンツ最高級車

丙申年の梅　五福　100,000円
紀州梅専門店五代庵が12年に
一度の丙申年にのみ販売

プレミアム化

⑥ プレミアム化するために重要な6つのS

お客様がギフトを購入する理由は、「贈った相手に喜んでほしい」という至極シンプルなものです。しかし、そのシンプルなことを実現するのは容易ではありません。商品さえよければいいというわけではなく、サービス面の満足も求められるからです。

左に示す6つのSの中で、根底にあるべきSはSoul＝想いです。「贈った相手に喜んでほしい」というお客様の想いに対して、提供側は「贈った相手に喜んでもらえる商品・サービスである」ことを伝えるのです。

喜んでもらうための重要な要素が第一～第五の5つのSになります。商品内容は十分か、贈られた相手が驚くか、届く時期は的確か、場面（シーン）に適したものか、提供する企業やお店、商品に物語はあるか。これらすべてが達成されることで価値を生み出し、ひいては売上・利益、リピート利用、口コミなどの評価につながっていきます。

6つのSは3つのTの構成要素

これら6つのSは、64ページで解説した、ギフトの通販において重要な3つのT（作り手、伝え方、届き方）の中に含まれるものです。

「こんなに考える要素が多いとは、ギフトの通販は大変だなあ」と思われるかもしれませんが、特に高付加価値、プレミアムを標榜するのであれば最低限必要なことと認識して、商品・サービスを設計する必要があります。そして、価格が高ければ高いほど、希少価値やブランド価値、体験価値を体現することができ、それがお客様の高い支持を受け、高利益を生み出すことにつながっていきます。

6つのSと3つのTを満たす

第一のS **S**atisfaction （満足）
第二のS **S**urprise （驚き）
第三のS **S**eason （時期）
第四のS **S**cene （場面）
第五のS **S**tory （物語）

すべての根底にあるべきは…

第六のS **S**oul （想い）

↓

T 作り手	**T** 伝え方	**T** 届き方
Soul（想い）	**S**tory（物語）	**S**eason（時期）
	Scene（場面）	**S**urprise（驚き）
		Satisfaction（満足）

130万台超えの大ヒットホットプレート「BRUNO」ギフトへのこだわりも半端なし

株式会社イデアインターナショナル（東京都港区）

インテリア雑貨等の企画、卸売り、小売り、ネット通販などを手掛けるイデアインターナショナルが2014年3月に発売した「BRUNOコンパクトホットプレート」は、2018年12月に累計販売台数130万台を突破した大ヒット商品です。

それまで、ホットプレートとは大人数で囲むのが一般的でした。BRUNOの2〜3人でプチパーティーを楽しむコンパクトなサイズ設計や、デザイン性の高さは、家電の新しいあり方を開拓したと言っても過言ではありません。雑貨のセレクトショップなど、これまでホットプレートを販売していなかった売り場で取り扱われていたり、法人のキャンペーンギフトで頻繁に利用されているからです。

イデアインターナショナルのオンラインショップでは、何種類ものリボン&シール、ギフトボックス、メッセージカード、包装紙、手提げバッグ、熨斗を用意し、さまざまなギフト利用に対応しています。

ホットプレートのようなキッチン雑貨は新生活応援ギフトとして贈られることが多く、「結婚祝い」はその代表格です。BRUNOのウェディングギフトセットは、箱を見ただけで贈ってあげたくなるようなデザインと設計がなされています。主役はもちろん中身の商品ですが、その主役をさらに引き立てる名脇役が、こうした専用ボックスやラッピングなどのギフトサービスであることがよくわかる、ギフト企画のお手本のようです。

BRUNOの世界観を表わす
ライフスタイル提案

ギフトにも力を入れている
オンラインページ
IDEA online
（イデアオンライン）

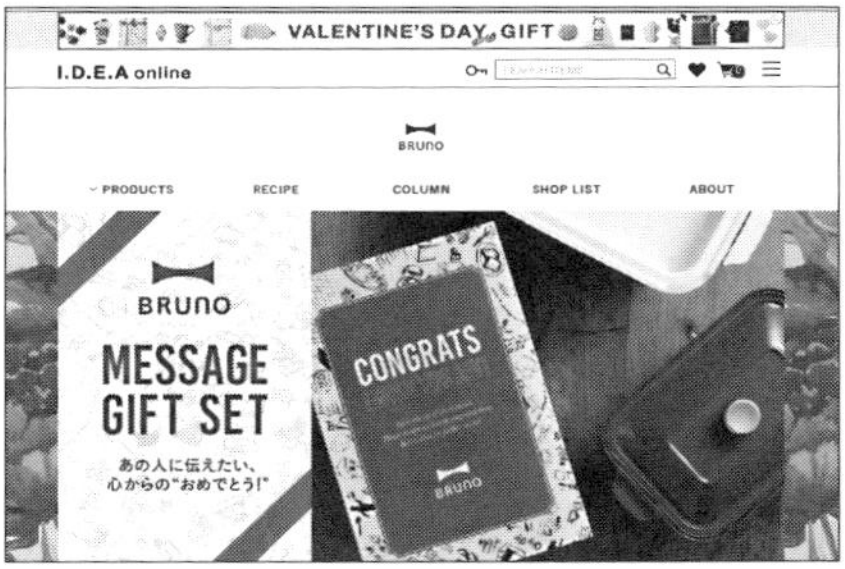

https://idea-onlineshop.jp

ウェディングギフト専用　２段ギフトボックス（直営店舗限定販売）

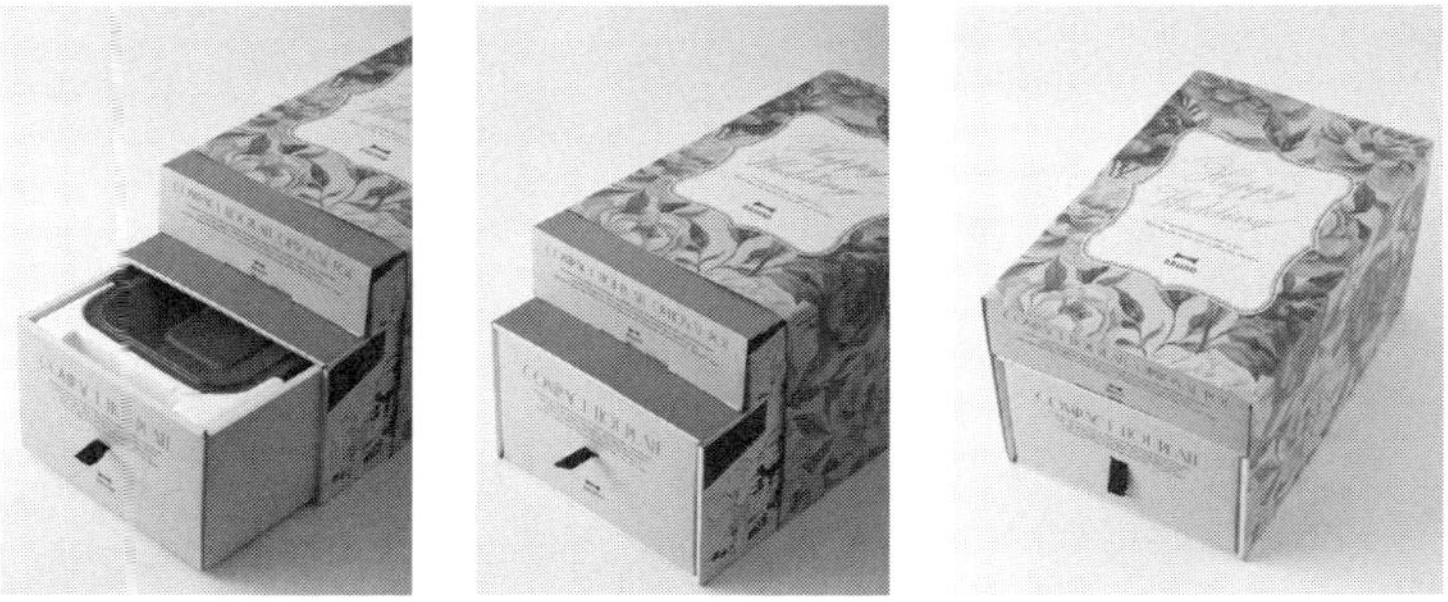

5章

お客様を迷わせない注文しやすい販売サイト作り

1 ギフト購入でお客様が流入する検索ワード

ギフトを購入する際、多くの方が迷います。そこで利用するのが、スマホやパソコンでのネット検索。実際にどんな検索ワードから流入しているかを図にまとめました。

ギフトの購買心理が検索に表われる

多くの人は、ギフトを選ぶためにまず「誰に」「どんな目的で」「どの場面で」「どの商品を」「いくらで」贈るかを考えます。友人や家族など関係の近い人へのギフトなら、自分で予算を決めやすいものですが、贈る機会の多くない儀礼的なギフトほど、どんな商品が選ばれていて、相場がどの程度なのかを気にします。

人気ランキングは絶対に操作してはいけない

「人気」「ランキング」という言葉で検索しているケースが多いことからもわかるように、商品の人気ランキングは購入の決め手となる情報です。だからこそ、情報の正確性が求められます。

時折「これが本当に人気ランキング上位?」と疑うものを見かけることがありますが、その商品を売りたいからといって、意図的に操作してはいけません。提供側が思う以上に、お客様は敏感に感じ取るものです。

ギフトサービスの種類でも検索される

「名入れ」や「ラッピング」などのギフトサービスも検索されています。ラッピング、名入れ、メッセージカード、熨斗等のサービスの有無と、それらが有料か無料か、自家需要にはないこれらギフト特有の情報もサイト上のわかりやすい位置に表示しましょう。

ギフト購入をめぐる検索ワード

イベント月	イベント＋シーンなど	イベント＋商品など	イベント＋サービス
1月	成人式 お祝い プレゼント		
	成人式 お返し		
2月	バレンタイン 2019	バレンタインチョコ 人気	生チョコ ラッピング
	バレンタインチョコ 義理	チョコレート バレンタイン	バレンタイン ラッピング
	バレンタインチョコ 彼氏	生チョコ バレンタイン	
		バレンタイン クッキー	
3月	ホワイトデー お返し 彼女	ホワイトデー お返し 人気	
	ホワイトデーギフト	ホワイトデー クッキー	
	ホワイトデー お返し	ホワイトデー お菓子	
	ホワイトデー 相場	ホワイトデー まとめ買い	
	引っ越し祝い		
	卒業記念品		
4月	入学祝い		
	入学祝い お返し		
	入学祝い 相場		
5月	母の日ギフトランキング	母の日ギフトランキング	母の日 名入れ
	母の日 プレゼント	母の日 花	
	母の日 嬉しいこと	母の日 グルメ	
	お母さん プレゼント	母の日 スイーツ	
	義母 プレゼント	母の日 コスメ	
		母の日 エプロン	
6月	父の日 いつ	父の日 プレゼント 人気商品	父の日 メッセージ
	父親 プレゼント	父の日 プレゼント ランキング	
		父の日 焼酎	
		父の日 ビール	
		父の日 健康グッズ	
		父の日 酒	
7月	お中元 時期	お中元 ギフト ランキング	お中元 のし
	お中元 ギフト		
8月	東京 土産		
9月	敬老の日 プレゼント	敬老の日 花	敬老の日 メッセージカード
10月	ハロウィン お菓子		
11月	七五三 お祝い		
12月	クリスマスギフト	クリスマス ケーキ	
	クリスマス 限定	クリスマス 雑貨	
	クリスマスプレゼント 子供		
	クリスマスプレゼント 旦那		
	クリスマスプレゼント 妻		
	クリスマスプレゼント 交換		
	お歳暮 時期	お歳暮 ランキング	
	喜ばれる お歳暮	お歳暮 ビール	
	お歳暮 上司		

出所：YAHOO! JAPAN プロモーション広告 公式ラーニングポータルの情報を元に作成

ギフトサイトの構成

2 ギフト商品の販売サイト5大カテゴリー

自社サイトでも、モール出店でも、数十点から数百点ほどのアイテムを販売しているのが一般的です。たくさんのアイテムがある中で、いかにお客様が選びやすい状態にするかが、売上を大きく左右します。

そこで、ギフトの販売サイトで最も重要とも言えるのが、「商品カテゴリー」です。

ギフトの販売サイトの5大カテゴリー

何度も述べてきているように、ギフトの場合、お客様は「誰に、どのシーンで、いくらの予算で、どの商品を、いつ贈るか」を購入時に検討します。

商品がある程度決まっている場合もあれば、イベントや予算から入る場合もあります。こういったギフト購入を検討するお客様に対して、わかりやすく誘導するためにあって欲しいカテゴリーが次の5つです。

①用途から選ぶ：お祝い、お返しなど
②商品から選ぶ：ブランド別・素材別など
③価格から選ぶ：ある程度の価格差をつけて
④贈る相手から選ぶ：贈る人との関係性
⑤イベントから選ぶ：シーズン、ワンデー

取扱商品やアイテム数、ギフト販売をどこまで広げるかなどによって変わってきますが、ギフト販売に本気で力を注ぐなら、ぜひあって欲しいカテゴリーです。

当たり前の話ですが、商品は該当するカテゴリーすべてに載せましょう。

商品Aが女性向けのものならば、「贈る相手から選ぶ」の「女性」にも、「イベントから選ぶ」の「母の日」にも載せていきます。こうすることで、取扱商品が少ない場合であっても、品揃えの豊富なショップと感じてもらえる利点があります。

カテゴリーの階層例

1 用途から選ぶ

- ギフト用
  - お祝い：結婚・出産・誕生日・新築引っ越し・入学・長寿・退職・記念日など
  - 内祝い：結婚・出産・快気・新築引っ越し・入学など
- 自家用
  - 自宅用
  - 自分へのご褒美

2 商品から選ぶ

ショップで扱っている商品をカテゴリーで分ける

3 価格から選ぶ

1,000 円〜	3,000 円〜	5,000 円〜
10,000 円〜	15,000 円〜	30,000 円〜

4 贈る相手から選ぶ

- 女性：母・姉妹・友人・同僚・妻・彼女・親戚・上司・祖母・子供（女の子）
- 男性：父・兄弟・友人・同僚・夫・彼氏・親戚・上司・祖母・子供（男の子）

5 イベントから選ぶ

- シーズン：中元・暑中見舞い・歳暮・寒中見舞い・お年賀・就職・入学など
- ワンデイ：バレンタイン・子供の日・母の日・父の日・敬老の日・クリスマスなど

※ショップの取り扱い商品数、商品特性、最適用途などから必要と思われるものを入れる

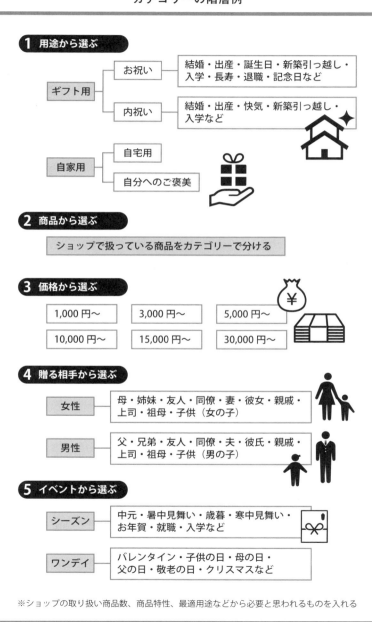

ギフトサイトの構成

3 ギフト用のページを設けてお客様を迷わせない

多くのネット通販サイトで、自家用商品を販売する延長線上で「ギフトにもどうぞ」と〝ついで〟のような扱いをよく見かけます。しかし、これまで述べた通り、自家用の場合、お客様は基本的に「商品」を探すのに対し、ギフトでは「贈るシーン」などから探すケースが多いのです。このため、「ギフト専用のページ」を作ると、購入率がグッと高まります。

専用ページをきっかけに百貨店ECのトップに

たとえば、高島屋オンラインにはサイト上部に「ギフト」というメニューがあり、ここをクリックするとギフト用のページに移ります。当初は、自家用もギフト用も混在したサイトだったのが、ギフト用商品のページを分けることでお客様が選びやすくなり、そこから一気にEC事業を伸ばしたと言われています。

専用ページがあることで信頼度が増す

百貨店は元来ギフト需要の強い業態ということもあって、先の形が功を奏しましたが、ネットショップの多くは基本的に自家需要の商品を取り扱っていることでしょう。あえてギフト用のページを設けなくても、お客様が自分で判断し、ギフト利用することもありますす。でも、ギフト需要をもっと掘り起こして売上を最大化させたいのであれば、ギフト専用ページを作ることをお勧めします。

専用ページがあることによって、より選びやすいサイトになることに加え、お客様が「ギフト商品にも強いショップ」と認識してくれるのです。大切な人への贈り物を選ぶ際には、信頼できるショップで買いたいと思うのが人の常です。

「ギフト用」のページをきちんと作る

高島屋オンライン スマートフォンサイト

https://www.takashimaya.co.jp/shopping/

おしゃれなインテリア雑貨通販「シンプルサイズ」のサイト

https://www.simplesize.com/

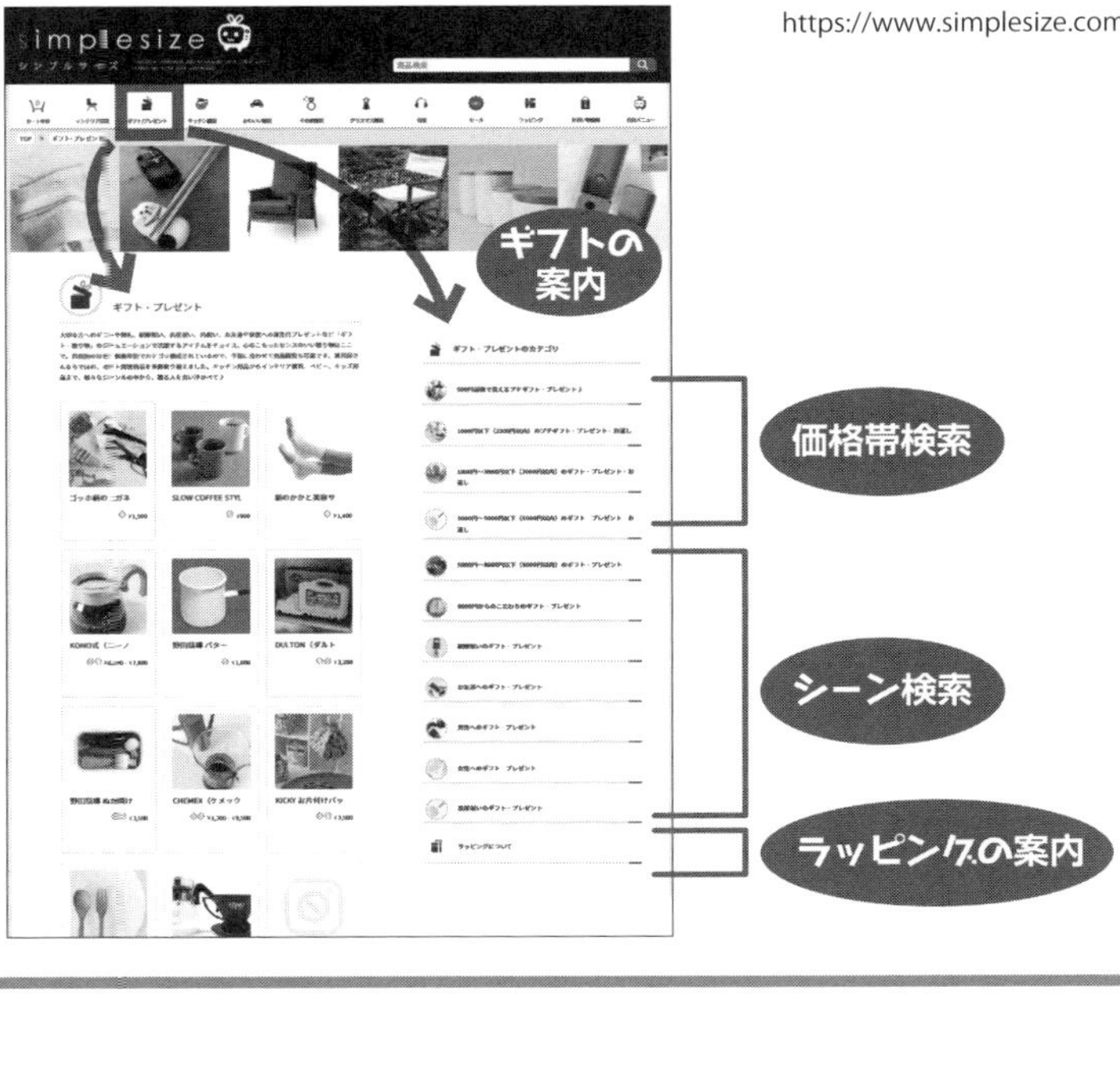

伝えるためのポイント 4

ギフト商品の購入を促す写真の撮り方

食品の場合

「おいしそう！」と思わせる写真は背景をボカす。お取り寄せならこれで問題ありませんが、ギフトの場合はそれだけでは不十分です。人に贈るものなので、「どんなものか」「どの程度の量か」が伝わる写真であることが重要で、商品がきちんと見えるようにピントを全面に合わせるのが1つのコツです。百貨店のギフトサイトやカタログの写真を参考にしてみてください。

雑貨の場合

食品以外の場合も、商品がきちんと見える写真が基本です。たとえばガラスの花瓶なら、部屋の中に花瓶を置いて、背景をボカして撮影すると、雰囲気のある写真となって、自家用での購入につながりやすいでしょう。ですがギフトの場合、雰囲気だけでは購入に至りません。どんな商品なのか、細かいところまで見せたり、使用イメージを見せる工夫も必要です。

ギフトの通販の写真はここが大きく違う

ギフトの通販と自家需要向けの通販で最も違うのは、「お届け時の写真」があるかないかです。

「ギフトも承ります」と言いながら、どんな状態で届くのかがわからないサイトでは、ギフト販売としての機会損失を起こしている可能性があります。

自家需要向けでは、梱包状態、お届け状態を気にすることはさほどありませんが、ギフト＝大切な方への贈り物の場合は、商品の魅力を写真などで伝えることはもちろんのこと、どのような状態で梱包され、届くのかを伝えることは同じくらいに重要です。

商品写真で気をつけたいこと

ギフト通販に必要

通販に必要

❶興味を抱かせ、惹きつける

❷手に入れることで、どんな体験ができるのかを伝える

＋❸どのような状態で届くのかがわかる

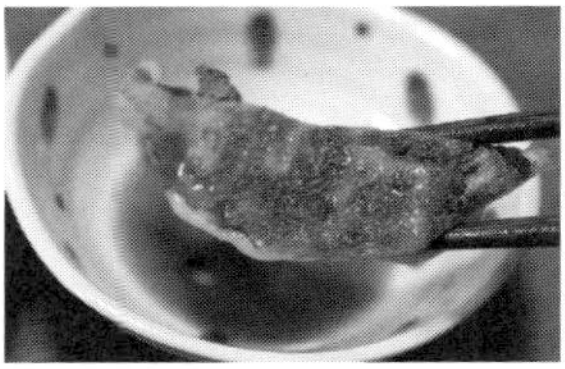

食品ギフトは、どの程度の量が届くのか（何人前なのか）がビジュアルでひと目でわかるようにする

雑貨ギフトは、実際の利用シーンがわかる写真を載せる

伝えるためのポイント

5 ギフト通販サイトのフォントや色の選び方

信頼感のあるサイトデザインにすることは、ギフトの販売において、とても重要です。

ギフトの販売では、企業、お店、商品にブランド力があるほど、購入につながりやすく、商品単価も上げやすくなります。中小企業や小さなお店がただちに有名ブランドになるというわけにはいきませんが、商品でもサイトでも、ブランドイメージを高めていく必要があります。

サイトを訪れたお客様にとって、わかりやすく見やすいか、かつ信頼感を持てるか。サイト制作を自社で行なうにせよ、専門の制作会社に依頼するにせよ、配色バランスや文字のテイストなどに配慮する必要があります。

信頼感と読みやすさのための色・フォントの数

絵画や音楽などの芸術では、足し算より引き算が難しいと言われます。シンプルなほど心理的に不安になるからです。取扱商品や客層によってデザイン面のアプローチは変わるため正解はありませんが、信頼感と読みやすさを重視した販売サイトを作るには、色もフォントもメインを各1つ、サブを2～3種類組み合わせるくらいに留めておくこと。

商品を追加したり、デザインを見直したり、コピーを増やしたりと手を加えていくうちに、色味やフォントが足され、統一感のない見づらいサイトになっているケースが少なくないので、当初のコンセプトから外れないよう、注意が必要です。

なお、ウェブサイトに限らず、カタログやパンフレット、チラシ等の紙媒体のデザインにも同様のことが言えます。

ギフトを販売するWebサイトのデザインで意識したいこと

・信頼感、ブランドイメージの演出
・読みやすさ、選びやすさを重視

配色

基本の色
＝
ショップ全体のイメージカラー
＋
同じトーン（色調）のサブカラー2〜3種程度

ショップの取扱商品・ターゲット層に合うイメージカラーを
↓
・高級　・ナチュラル　・可愛い　・クール
・元気　・和風　・伝統　・老舗
・アメリカン　・北欧風 など

フォント

基本のフォント
＋
サブフォント2〜3種程度

文字間・行間

見やすく ― 詰めすぎないように注意

文字の大きさ

読みやすく ― 小さすぎないように注意

伝えるためのポイント 6

視覚効果を得るには1・3倍を意識する

ウェブサイトでデザインを考える時、写真や文字のサイズをどの程度大きくしようか、または少し小さくしようかと、悩むケースがあるでしょう。

ウェブデザインの写真や文字は、PC用サイトでももちろん重要ですが、一瞬で判断されてしまうスマホ用サイトでは、写真のよさやわかりやすさ、文字の見やすさは、さらに重要になります。

では、写真や文字をどのように扱えば、買いたくなるウェブデザインになるのでしょうか。

ここで、縮尺倍率が人に与える印象を考えてみましょう。人が視覚から受ける感覚は、時代が進んでも急に変わることはありません。

視覚効果を大きく得られる倍率は「1・3倍」

私自身がマーチャンダイザー時代から個人的に定義し、活用している視覚効果を得るための倍率は1・3倍です。左ページにはその印象の違いを示しています。写真では縦横比を1・1倍にすると、面積比は1・2倍になりますが、さほど印象が変わらないと感じませんか？

縦横比を1・3倍にすることで面積比は1・7倍になり、大きな違いが得られます。トリミングする際も縦横1・3倍分をアップにすると、印象がグッと変わります。まとめると、1・2倍以下では視覚効果は薄く、1・3倍以上で視覚効果が高まります。小さくしたい場合も同様です。あまり印象を変えずに小さくしたい場合、マイナス1・1倍程度の縮小だと、印象はさほど変わりません。

ぜひ、この倍率を有効活用してください。

1.3 倍設定で視覚効果は大きく変わる

印象変化が薄い倍率

印象変化が高い倍率

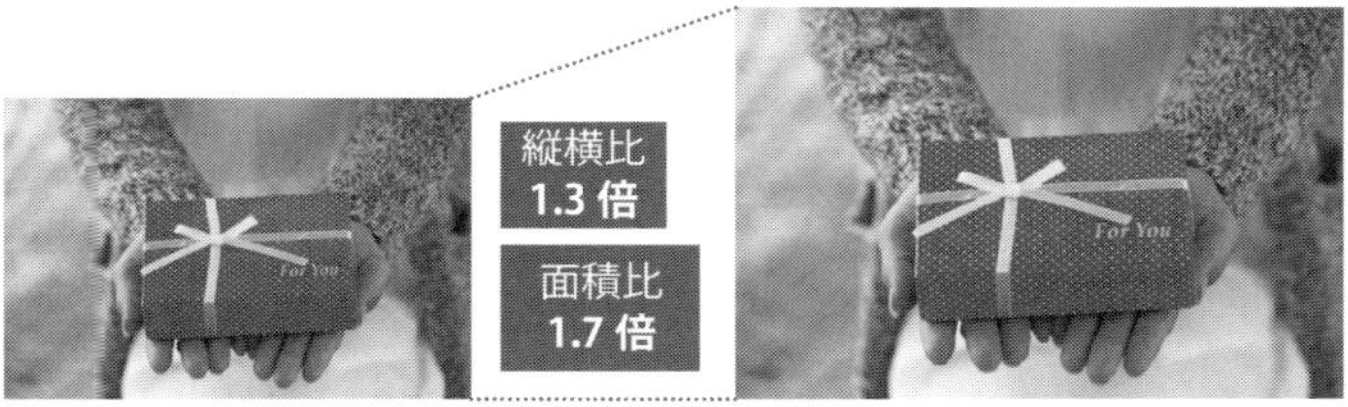

トリミングを縦横比 1.3 倍アップにすると…

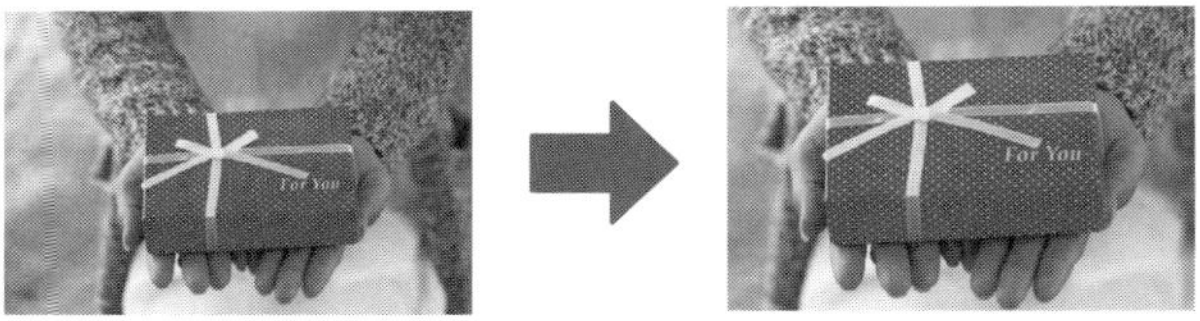

文字（フォント）の印象

Gift ➡ Gift
1.1 倍

Gift ➡ Gift
1.3 倍

伝えるためのポイント

7 ギフトイベント・シーンにつけるキャッチコピー

通販におけるウェブサイトや宣伝チラシはすなわち〝営業マン〟。その中でキャッチコピーやボディコピーは、セールストークです。現物を手に取ることができない通販では、商品写真、コピー、スペック、価格で、お客様に一瞬で商品を理解していただかなければなりません。

ギフトイベントごとのキャッチコピーは重要

ネットショップでは、中元・歳暮などのシーズンイベント、母の日やバレンタインなどのワンデーイベントの時期に、サイト内で特集を組まれることがあるでしょう。その際、そのイベントに最適なお勧め商品の特性をアピールすることも大事ですが、その前に、ギフトを贈りたくなったり、このサイトで選びたくなるキャッチコピーをつけることを意識してください。

贈る人の想い・気持ちをキャッチコピーに込める

ギフトを贈るという行為は、贈り物でもお返しでも、贈る人と贈られる人の絆や感謝の表現であり、商品や付帯サービスはそのためのコミュニケーションツールです。「ありがとう」など、その〝気持ち〟を表現したキャッチコピーは、自然とギフトであることを意識させますし、キャッチコピーがわかりやすく秀逸であるほど「今年は何か贈ってあげたいな」「このサイトで探してみよう」と需要を喚起します。

左ページに、ギフトのキャッチコピーによく用いられている言葉を書き出しました。他にもふさわしい言葉はたくさんあると思います。具体例としてお歳暮と母の日を挙げましたが、文字数はもっと少なめにしてもいいでしょう。

ギフトイベントのキャッチコピーでよく使われる代表的なワード

気持ち・想い	想い、嬉しさ、楽しさ、喜び（歓び・慶び）、ありがとう、感謝、素直など
季節・日	いつも、あの日、この日、春、夏、秋、冬、年、月など
行為	選ぶ、悩む、贈る、ギフト、プレゼント、ご褒美、届けるなど
誰に	母、父、女性、男性、大切な人、お世話になった人、がんばった自分へなど
商品	たった1つ、ひと品、こだわり、技、希少、限定、物語（ストーリー）、ナチュラルなど
印象	プレミアム、スペシャル、美しい、スタイリッシュ、高級、オシャレ、シンプルなど

上記のワード、特に“気持ち”を組み合わせて
キャッチコピーを作ってみる

例

お歳暮

「今年1年の“ありがとう”を選ぶ、贈る。
喜ばれる冬ギフト、揃えました」

母の日

「年に1回、素直になりたい日。
いつもありがとう、お母さん」

伝えるためのポイント 8

数字を活用する

現物を手に検討することのできない通販では、ウェブサイトですべてを語り伝える必要があります。写真やキャッチコピーも重要ですが、「数字」を活用することで、より明確に伝わる表現になります。

キャッチコピー、商品説明に数字を取り入れる

商品を伝える際には、贈る人の想いや気持ちだけでなく、具体的な数字を取り入れるのも効果的です。

革財布を紹介するなら、「こだわりの職人の技で、丁寧に仕上げました」ではなく、「革製品一筋40年 職人の技で3ヶ月かけて仕上げました」としたほうが、精魂込めて作られたことが伝わります。前者が「説得型」なら、後者は「納得型」のコピーと言えるでしょう。

数字が人に与える印象をつかむ

数字が人に与える印象をつかんでおくことは、価格設定や品揃えを考える際にも役立ちます。

たとえば、3000円の商品と同種の3500円の商品を並べて販売する、こうしたケースをよく見かけます。「高額だと売れない」という不安から、価格帯を小刻みにしてしまうのですが、お客様を迷わせるだけで、特にギフト販売での利点はあまりありません。

そもそも、人は数字の上昇率が小さいほど、その差を認識できません。3000円と3500円では1・16倍にしかならず、「ほぼ同じ」という印象です。反対に3000円と3万円なら10倍で、急に値段が上がったと感じるでしょう。これが3000円、5000円、7000円なら、1・67倍と1・5倍です。明確な差でありながら、強い抵抗感のない上昇率と言えます。消費税の上昇率からも理解できるはずです。

数字の倍率は数が大きくなるほど差が少なくなる

消費税なら…

1		**0%**
2	＝1の2.00倍	
3	＝2の1.5倍	**3%**（0からの導入なので抵抗感は極度に大きい）
4	＝3の1.33倍	
5	＝4の1.25倍	**5%**　3の1.67倍（UP率は大きいが、消費税に慣れ、抵抗感は少ない）
6	＝5の1.20倍	
7	＝6の1.17倍	
8	＝7の1.14倍	**8%**　5の1.60倍
9	＝8の1.12倍	
		10%　8の1.25倍（UP率をさほど感じにくく、抵抗感は小さい）

心理効果を視覚に置き換えると…

3,000円

4,000円

3,000円の
1.33倍

5,000円

3,000円の
1.67倍

6,500円

5,000円の
1.30倍

10,000円

3,000円の
3.30倍
5,000円の
2.00倍

数字のないコピー
数字のあるコピー

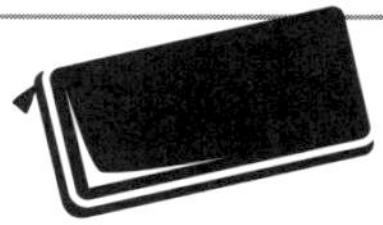

こだわりの
職人の技で、丁寧に仕上げました。
世界で一つの一品を
大切なあの方へ。

革製品一筋40年
職人の技で、**3ヶ月かけて**
仕上げました。
世界で一つの一品を
大切なあの方へ。

こだわりの→**革製品一筋40年**
丁寧に仕上げました→**3ヶ月かけて**
仕上げました

サイトの基本機能

9 ギフト通販のカート機能・決済システムの基本

ネット通販において、ショッピングカートおよび決済システムは欠かせない機能です。ここではギフト販売に必要な基本機能についてお話しします。

ギフトの基本対応がシステムにあることを確認

自社サイトでショップを運営する場合、左ページにあるような、レンタルショッピングカート（ＡＳＰ）を利用するのが一般的です。

大企業や事業規模が大きな場合は、自社専用のシステムを一から構築することもありますが、中小規模なら、こうしたＡＳＰか、安価に利用できるパッケージソフトを使うことになるでしょう。

いずれにしても、デフォルトの機能でどこまでギフト特有のサービスに対応しているのか、もしくはカスタマイズできるのかを確認しておく必要があります。

自社でどこまで提供するかは別として、指定できる熨斗の種類（数）、包装紙や化粧箱の選択、メッセージカードの指定、それらサービスの無料・有料の設定など、システムとしてどこまで対応できるのか、事前にチェックしておきましょう。

ギフトは後払いも多いので決済方法は広範囲に

ギフト購入は、カード払いや前払いでなければ、商品が送られた後に請求書が贈り主に送られる後払いになります。ネット通販ではクレジットカード決済が主流ですが、こうした後払い決済の採用も増えています。

後払いも含め、自分の希望する決済方法がないと、購入意思があっても「カゴ落ち」となるので、手数料等コストの問題もありますが、決済方法はできるだけ広く用意しておくとよいでしょう。

主なＡＳＰショッピングカートの比較

サービス名	カラーミーショップ	Make Shop	ショップサーブ	ワイズカート	Future Shop2
初期費用	3,240 円	10,800 円	10,800 円	21,600 円	21,600 円
月額費用	3,240 円	10,800 円	12,096 円	10,800 円	20,520 円
クレジットカード手数料	4 〜 5%	3.5 〜 3.6%	3.7 〜 4.7%	3.28%	3.6% ＋ 固定費 5,000 円 or 3.4 〜 4.4%
商品登録数	無制限	10,000	1,000	100	500

MakeShop byGMO「2019 年版 ネットショップの開業サービス徹底比較！」を元に作成

ネット通販の決済方法について

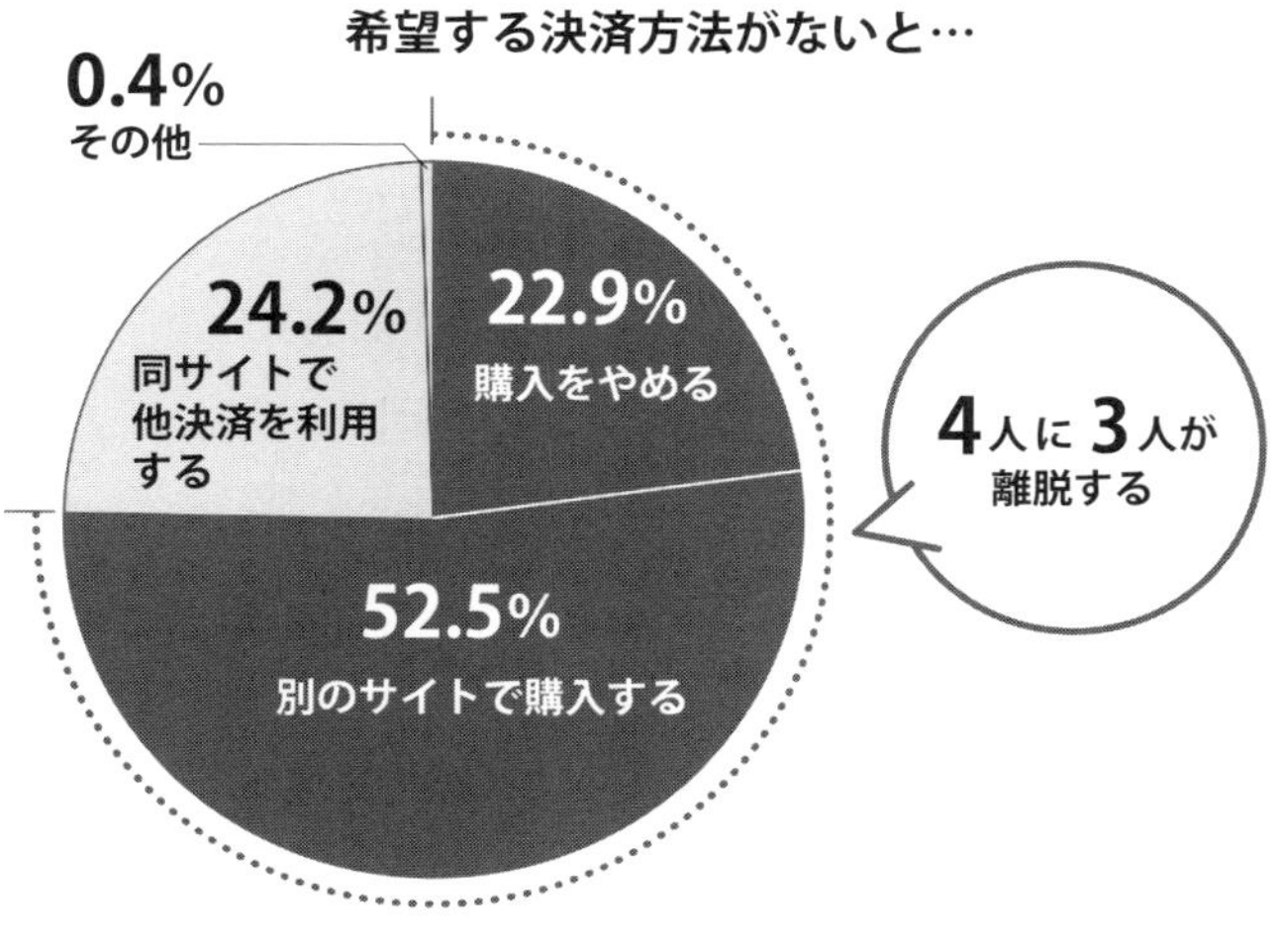

出所：ネットプロテクションズ「ＮＰ後払い」2016 年アンケート調査

5章

お客様を迷わせない　注文しやすい販売サイト作り

10

サイトの活用法

動画（ライブコマース）はギフトの販売に有効か

ネット通販では動画の活用も増えてきています。ライブコマースと呼ばれるもので、一般のユーザーが自身で商品を紹介したり、タレントやモデル、インフルエンサーを起用する場合もあります。ネット版のＴＶショッピングといった感じです。

静止画と動画、どちらがギフトの広告に向くか

ライブコマースはまだスタートしたばかりですし、個人的な考えですが、ギフトの通販の広告手法としては向いていないでしょう。ギフトの場合、贈るシーンをいくら動画で喚起しても、そのシーンがその時に発生していなければ購買にはつながりません。要するに、ギフトの場合は衝動買いが限りなく発生しにくいからです。スタッフからの商品紹介や食品のレシピ紹介など、サブ的な活用法は考えられるものの、動画を見た瞬間に購入に向かわせることは難しいため、現時点では静止画のほうがギフトの通販には向いていると言えます。

ギフトの通販で動画の可能性はある？

とは言え、ギフトシーンを限ればライブコマース活用の余地はありそうです。どういったギフトシーンがあるか？　今のところ、ライブコマースは若者から支持を受けているので、彼氏・彼女への誕生日プレゼント向け商品の紹介なら期待できそうです。この延長線上で、クリスマスプレゼント、バレンタインデーなどでも活用できるかもしれません。なぜなら、これらのワンデーイベントには「自分へのご褒美ギフト」の需要も大きく含まれていて、衝動買いが見込めるからです。

ネット通販モールなどが導入しているライブコマースの概要

企業名	楽天	ヤフージャパン	KDDI	メルカリ
サービス名	楽天市場	Yahoo! ショッピング	Wowma!	メルカリ
ライブコマース機能の名称	Rakuten Shopping Live TV	Yahoo! ショッピング LIVE	イケメン通販騎士	メルカリチャンネル
導入時期	2016年5月	2017年11月	2018年1月（試験運用）	2017年7月
特徴	毎週月—木曜日の20時から1時間番組として配信する。多様な芸能人ゲストなどが商品を紹介する。	出店店舗が1日1回最大30分の枠でライブ動画を自由に配信できる	テレビ朝日の通販番組と連動。男性アイドルらが商品を紹介する。3月末まで試験運用し、本格導入を検討	一定の基準を満たす個人が自由にライブ動画を配信できる。17年12月に法人向けに機能を開放した

出典：日刊工業新聞　ニュースイッチ

↑

Amazonも2018年から期間限定で参入開始

ライブコマースは、
ギフトの通販でも可能性あり？

誕生日

クリスマス

バレンタイン

ワンデーギフトは、自分へのご褒美ギフトも

〝究極の商品減らし〟から過去最高売上を達成したジャパネットの大英断

商品数の減らし方は、究極とも言えるほどでした。2016年、ジャパネットの取扱商品数は8500点、売上1559億円でした。一時期下がった売上を順調に戻していたこの時期に「商品数を今の10分の1にする」という大英断を下します。そして2017年、取扱商品数を8500点から600点にまで大幅削減したにもかかわらず、売上高は過去最高の1929億円を達成。2015年のわずか7%の商品数で、売上を370億円（前々年比124%）も積み上げます。別の言い方をすると、93%の商品を一気に削り、大きな成果を出してみせたのです。

後にジャパネットは、商品を厳選したメリットとして、次の5つを挙げています。

①商品の魅力が増すこと
②制作の深化（ウェブ掲載全製品に動画を掲載、縦横比率や商品の見せ方の工夫）
③納期の安定
④自社修理の品質向上
⑤商品登録など関連業務の負担軽減

いいことずくめだった！　というわけです。企業規模や販売手法は中小企業の通販と大きく異なるにせよ、リソースの限られた中小の通販こそ、売れる商品をさらに売れるようにする、ジャパネットのこの戦略を見習うべきではないでしょうか。むやみな商品増は現場の疲弊とコスト増につながるだけ、商品減でも売上と利益を伸ばすことができるのです。

2017 年度、過去最高売上を記録したジャパネットたかた

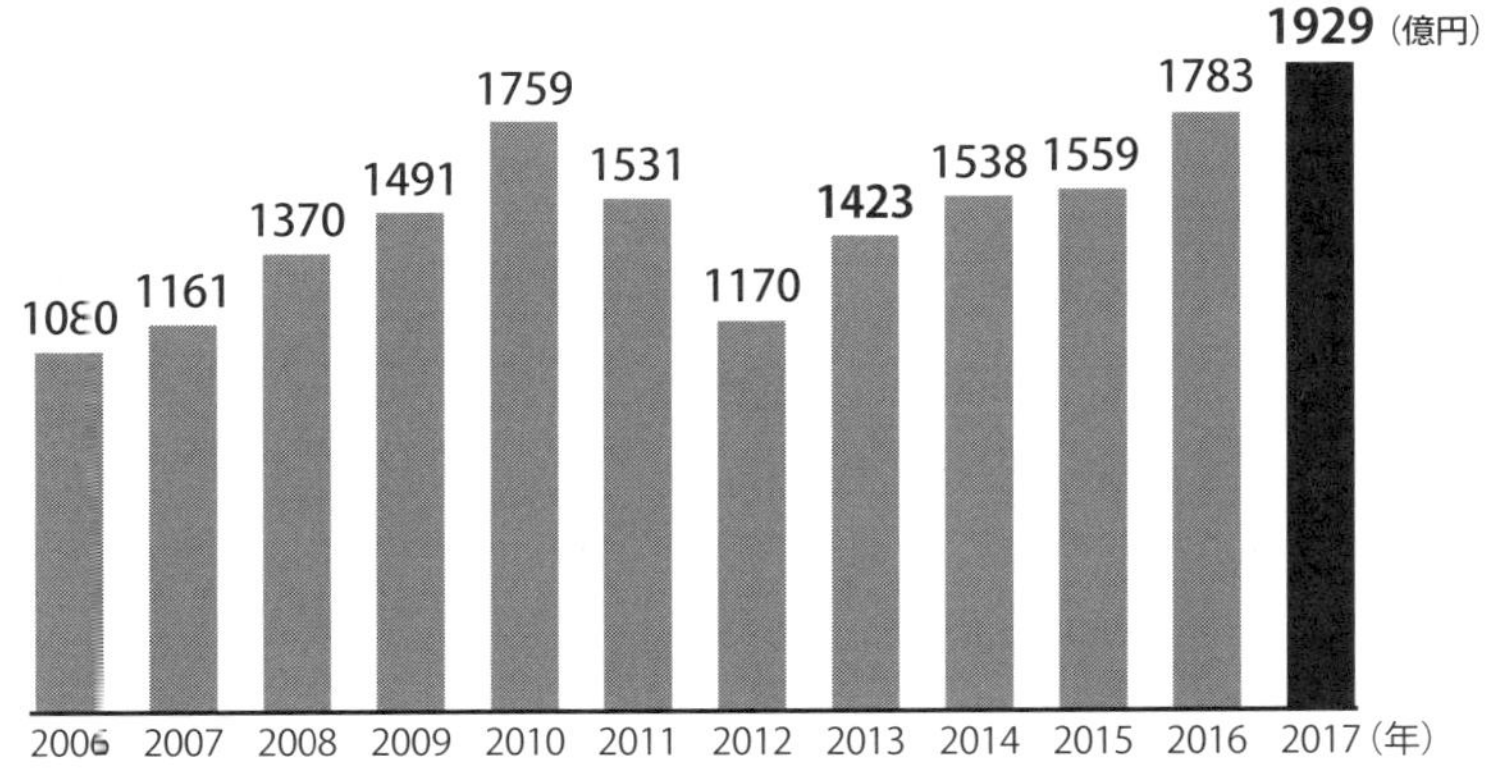

ジャパネット公式サイト　企業情報をもとに作成

ジャパネットオンラインショップ

https://www.japanet.co.jp/shopping/

TV ショッピングのダイジェスト版のような、
45 秒動画が観られる

6章

売上3倍・利益10倍にする組織体制作り

仕組みと体制

1 自家用通販・ギフト通販のフルフィルメントの違い

まず、ギフトの通販と自家用の通販の違いを見てみましょう。お客様の行動は、左の図のような流れとなります。

それぞれ③〜⑤までは、通販ではフルフィルメントと呼ばれる受発注の流れですが、いずれの部分も自家用とギフト用では違いがあります。

わかりきったようなことですが、この単純明快なことを深く掘り下げることなく、同じ商品を「自分用・自宅用にもどうぞ、ギフト用にもどうぞ」と、単に売る幅を増やしているだけの通販が多いのです。

そもそも、①「商品を探す」という時点で、明らかに大きな違いがあります。自家用なのか、人に贈る(贈りたい)ものなのか。それだけで180度異なるわけですから、たとえ同じ商品でもお客様への訴え方や対応は当然変わってしかるべきです。それが前提にあって、②の「商品を見つける」につながっていきます。

そして③の「注文する」。自分用の場合、さほど問題はないでしょう。しかし、ギフト用は相手の名前・住所・電話番号などに間違いがないか確認が必要ですし、メッセージカードや包装などの指定も必要です。配達日時指定も自家用なら自分都合でいいのですが、ギフト用では相手都合を考慮しなければなりません。

届いた後もお客様のやりとりは続く

そして、事業者からは見えない部分にはなりますが、ギフト用の通販では、相手に届いた後、ほとんどのケースで贈り主にお礼のメールや電話をするでしょう。単純なフルフィルメント、受発注のスキームでも、一つひとつ見れば、このように違いがあるのです。

自家用とギフトの違い

自家用の通販

1. 買いたい商品を探す
（またはイメージしている）

2. 商品を見つける

3. 注文する（届け先：自宅もしくは勤務先、
最近ではコンビニ受け取りも）（配達日時指定）

4. 自分に届く

5. 支払い（注文時に支払うケースもある）

ギフトの通販

1. 贈りたい商品を探す（予算、相手の好みなど）

2. 商品を見つける

3. 注文する（届け先：相手の自宅もしくは勤務先、
自分の住所なども知らせる）
（メッセージカードや熨斗、ラッピングの指定も）
（配達日時指定）

4. 支払い（届いた後に支払うケースもある）

5. 相手に届く

6. 相手からお礼のメールや電話が来る

仕組みと体制

2

少人数なのに大人数のような販売体制作り

ネット通販ビジネスの流れをシンプルに言うと、販売する商品があり、ネットショップを立ち上げ（またはモールに出店）、商品をアップし、受注が入れば代金を決済し、商品出荷で完了。1人や数人規模のネットショップでも、大企業でも、ほぼ同じような業務を行っています。

ただし、一連の流れの中には、細かく言い出すと書ききれないほどの業務が含まれていて、専門ノウハウを必要とすることも多いため、業務ごとに専門業者が存在します。

業務を外注したほうが結果的に安くつく

すべての業務を自社内でまかなうことができて、ノウハウを蓄積できるなら、それに越したことはありません。ですが、競争が激化するネット通販において、ノウハウの獲得に何年もの時間を要したり、苦労して得たノウハウを担当者の退職によってまた一から積み上げることになると、結果としてコスト増、売上・利益減、最悪の場合、市場からの撤退を余儀なくされてしまします。

立ち上げ当初は、売上や商品数、処理件数も少なく、それぞれの業務での負担が少ないので、1人でもできるかもしれませんが、売上の上昇曲線を早く描きたいのであれば、業務によっては外部のプロに早い段階から任せる（外注）、またはプロと一緒に取り組み、多くの人材を投入した場合と同様の体制で回していく必要があります。そのコストは一見高く映るかもしれませんが、業務ごとに社内人材を配置するよりは圧倒的に安く、かつ、そのノウハウが高レベルであることは言うまでもありません。

ネット通販を運営するために必要な業務

マーケティング	プロモーション、販売・顧客データ分析、リサーチなど
マーチャンダイジング（MD）	販売計画策定、品揃え計画策定など
商品企画	商品開発、商品情報登録、撮影および指示、仕入れ折衝など
Ｗｅｂ制作	デザイン、商品アップ、外部制作会社との折衝など
カスタマー	コールセンター対応、クレーム対応など
システム運用	保守管理、外部システム会社との折衝など
物流	商品資材在庫管理、梱包作業、出荷作業など

立ち上げ当初や、売上が小さく多くの人材を充てられない間は、業務を外部に任せることで、少人数でも回していく

↓

売上が増え、中長期の事業化が見えてきたら、徐々に内製化していく

3 仕組みと体制

販売拡大には仕組みが欠かせない

通販ビジネスを展開する上では、体制のバランスが整っていないと、たとえ売れる商品を開発し、さまざまなマーケティング施策を打ったとしても、売上や利益の拡大にはなかなかつながりません。

「売れること」「売ること」に集中できる体制作り

ネット通販に取り組む多くの会社やお店の年商は、5000万円未満、本業の10分の1以下ではないかと思います。通販の担当者がほぼすべての業務をこなし、日々忙しくされていることでしょう。

通販ビジネスに取り組んでいる、またはこれから取り組むなら、5億、10億超えをぜひ目指してほしいと思っています。スピード感を持ち、大きく育てるためには、「売れること」（商品開発）と、「売ること」（マーケティング）への取り組みに集中できる環境、体制作りが欠かせません。

通販事業単体で年商10億円超えを目指すには

年商5億円を目指す段階では、販売チャネルは自社サイトと複数のモール出店が必要でしょう。物流機能などをアウトソーシングするか、検討すべき段階でもあります。

さらに10億円となると、販売チャネルは卸販売や紙媒体（新聞広告やDM）など複合的な展開が必要でしょう。各所でアウトソーシングを活用しながらも、業務ごとに責任者を配置した上で、安定的に人材を確保し、育成する仕組みも必要になります。外部委託していた業務（ウェブ制作、コールセンター、物流機能など）も、自社でノウハウを獲得できたものから内製化していくことで、強固な販売体制を築いてください。

平均単価を5000円とした場合の事業モデル

通販年商5000万〜1億円のケース

受注出荷件数（日）	受注出荷件数（月）	販売チャネル	人員	体制
40〜80件	1,000〜2,000件	自社サイトorモール出店、または両方	2〜3名	自社でほぼ完結

通販年商1億〜5億円のケース

受注出荷件数（日）	受注出荷件数（月）	販売チャネル	人員	体制
80〜300件	2,000〜8,000件	自社サイト、複数のモール出店、卸販売	3〜4名	コールセンターや物流機能のアウトソーシングを検討

通販年商5億〜10億円のケース

受注出荷件数（日）	受注出荷件数（月）	販売チャネル	人員	体制
300〜700件	8,000〜1万7,000件	自社サイト、複数のモール出店に加え、紙媒体、卸販売などネット以外のチャネルも	4〜6名	各所アウトソーシングに加え、自社内で通販事業だけの組織体制作りも必要

※マーケティング、制作、コールセンター、システム運用管理、物流など、どの部分をどの程度アウトソーシングするかによって、最適な人員や体制は変わる

会社・お店の顔コールセンター

通販企業の顔となるのは、コールセンターです。どんなにいい商品を作ったとしても、ここでの対応や印象が悪ければ、その後の売上・利益に響きます。

アウトバウンド営業を行なう場合もありますが、ここではお客様から電話を受けるインバウンドに絞って解説します。

コールセンターの戦力化を実現する3つの要素

コールセンターの仕事は受け身になりがちですが、パート・アルバイトや派遣社員であっても戦力になってもらうには、次の3点を共有すべきです。

①事業の方向性や将来のヴィジョン
②今行なっている販売活動の目的
③商品や販促活動に関する詳細情報

これらが共有されることで、「なぜ、この仕事が必要なのか?」という疑問や「どう対応すればいいのか?」という不安が解消されます。納得して仕事に取り組めるようになり、自然と戦力へと育っていきます。

重要であるにもかかわらず、売上・利益に直結しないことから、軽視されがちなのがコールセンターです。大切なお客様にお応えするための情報共有を徹底してください。

内部対応とアウトソーシングの使い分け

日中の電話応対は、思いのほか時間を取られてしまうことが多いものです。思い切って、初回の注文や問い合わせの電話(ファーストコール)は外注し、顧客になってからの電話を自社内で受けるのも一手です。ファーストコールで完結すれば、貴重な時間を奪われません。

コールセンターの特徴と注意点

女性が多い

・営業や企画部門以上に情報、事業目的の共有が必要な部署

・「納得すること」でモチベーションが高まり、原動力となる

受け身仕事になりがち

・「何のために」が明確になった段階で、お客様やクライアントへの営業アウトバウンドコールなど、売上・利益に直結する活動が可能になる

➡営業社員の増員対応や、負荷が少なくなる

営業事務、営業担当、企画担当への電話

・ファーストコールはすべて外注転送電話にするのがベスト（電話に出て振り回されると貴重な時間＝お金が奪われる）

・重要なのは、「お客様の喜びのための貴重な時間で各々が何をすべきか」

顧客満足のために 5

商品クレーム対応

どんなビジネスでもクレームが発生する確率をゼロにするのは不可能でしょう。重要なのは、クレームが起きた際に、それまでどんな取り組みをしてきたかを説明できるかどうかにあります。

たとえば、商品不良のクレームが起こった場合「製造工程での品質管理は、ＩＳＯ９０００に基づいて徹底しているのですが、どのタイミングで起きてしまったのか、今一度徹底的に調査を行ない、改善を図ります」とお答えできるか、「今までこんなことはなかったのですが……。従業員一同、気をつけてまいります」しか言えないのか。お客様の印象は大きく変わるでしょう。

迅速な対応が顧客との絆を強化することもある

委託会社によってクレームが発生する場合もあります。10年ほど前、ある宅配業者のシステムに大規模な障害が発生し、全国規模で荷物が数日間、滞留してしまう事態が起こりました。当時私が関わっていたメーカーが扱う冷蔵商品がこの事故に巻き込まれ、7月初旬の夏の暑い盛りに、1万2000個ものプリンが数日間、常温で放置されてしまいました。即座に出荷停止を要請（廃棄費用は宅配業者責任で負担）し、すぐに全数の再出荷を別の宅配業者に依頼。再出荷商品には、社長名で事態を詫びる文書を添え、ことなきを得ました。お客様は、そのメーカーの姿勢に感銘を受けて、より一層の固定客となったそうです。

有名なグッドマンの法則にもあるように、迅速に解決した場合、クレームを申し立てた人のほうが再購入率、企業に対する信頼度が高まるのです。

「苦情は宝物」グッドマンの法則

グッドマンの第一法則

不満を持った顧客のうち、苦情を申し立て、その解決に満足した顧客の該当商品サービスの購入決定率は、不満を持ちながら苦情を申し立てない顧客のそれに比べて高い。

グッドマンの第二法則

苦情処理（対応）に不満を抱いた顧客の非好意的な口コミは、満足した顧客の好意的な口コミに比較して、二倍も強く影響を受ける。

グッドマンの第三法則

企業の行なう消費者教育によって、その企業に対する消費者の信頼度が高まり、好意的な口コミの波及効果が期待されるばかりか、商品購入意図が高まり、かつ市場拡大に貢献する。

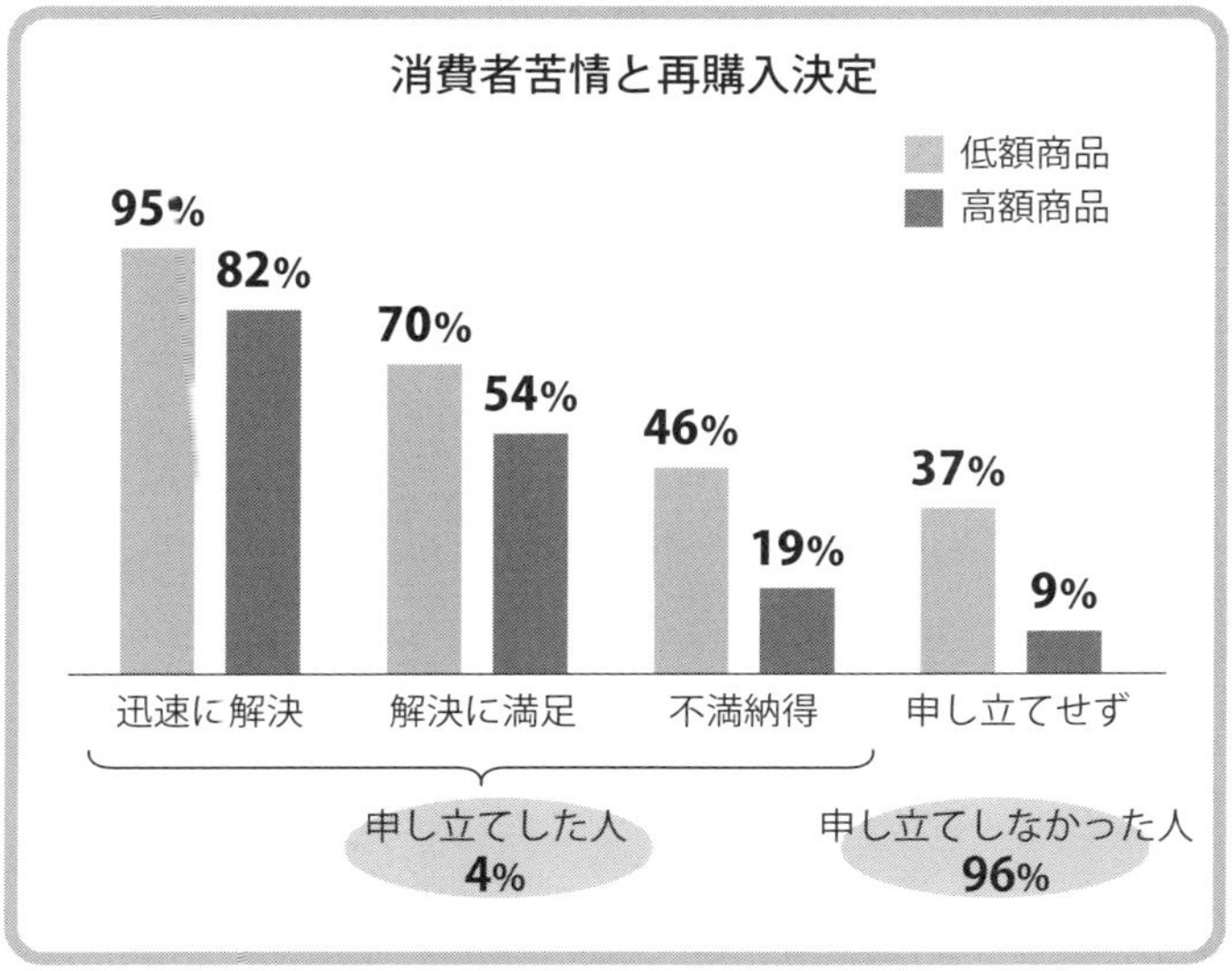

出所：顧客ロイヤリティ協会・佐藤知恭 http://www.customer-loyalty.jp/goodman.html

顧客満足のために 6

ギフト通販特有のクレーム対応

前ページでは、主に商品の一般的なクレーム対応について説明しましたが、ギフト通販の場合は、対応の流れが少々異なります。

ギフト通販特有のクレームとは何か

ギフト利用の場合、商品クレーム以外に、付帯サービスや出荷業務から発生し得るクレームがあります。以下がギフト特有の代表的なものです。

①熨斗の間違い（内熨斗・外熨斗の指定が逆に）
②名入れの間違い（名前の漢字が違うなど）
③メッセージカードの入れ忘れ
④イベント当日よりも遅く着く（早く着きすぎるのもクレームになり得る）
⑤頼んだ商品の数が違う（同じものを複数注文することもギフトではよくある）

贈り手からのクレーム、もらい手からのクレーム

先様＝もらい手にとっては、自分で買ったものではなくいただきものなので、何か問題があってもクレームの申し立ては少なく、あったとしても比較的柔らかいものでしょう。

これに対して、依頼した贈り手からのクレームは、先様＝もらい手からの報告を受けての申し立てが多いでしょう。

左の図では、それぞれの立場からクレーム申し立てのあった場合の対応の流れを書いています。双方に対応するという点は共通していますが、その流れが少し異なるので注意してください。

贈り手・もらい手両者に対応するのが、ギフトのクレーム対応に特有の点です。

ギフトで発生した商品クレームの対応の流れ

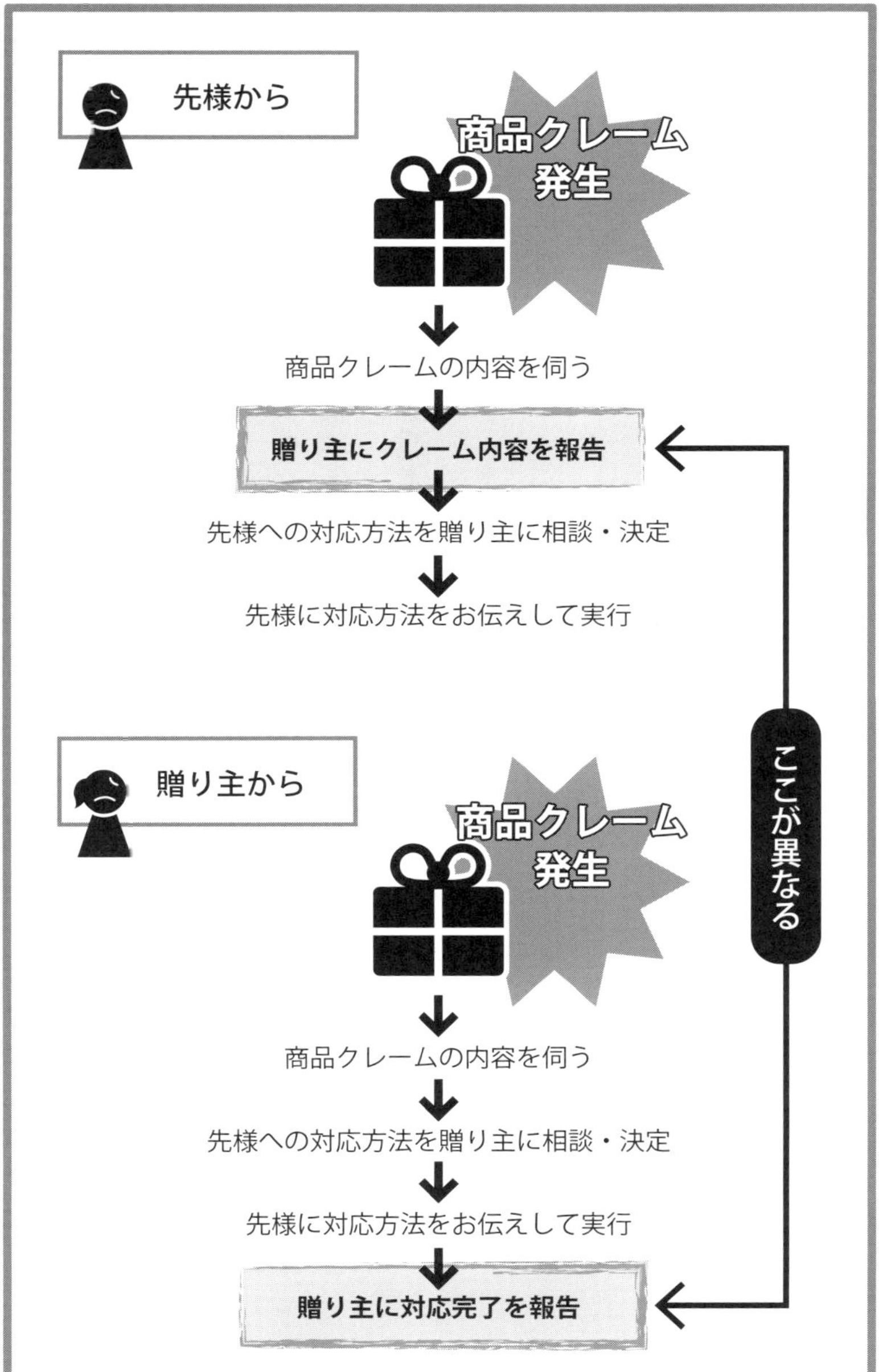

7 顧客満足のために

体制作りはマインド（人の心）がカギ

売上・利益を拡大するためには、マーケティング施策、ヒット商品開発ももちろん大事なのですが、同時にそれを支える体制も同じくらいに重要です。

売上・利益を漏らさず信頼を高める運用体制作り

通販においての体制とは、「販売施策の実行」と「フルフィルメントの構築、運用」です。土台を支えるフルフィルメントは直接売上を上げる業務や部署ではないため、事業経営的には軽視しがちです。しかし、ここを軽視すると、売上・利益の拡大が目標通りでも、体制のどこかに綻びが生じて思わぬコスト増を招いたり、ミスが頻発して顧客の信頼を失うことにもつながるため、経営そのものに響いてくるのです。

「お客様のために何ができるか」を考える

近い将来、通販の特にデータに関わる業務の大半はAIに取って代わられるかもしれません。ですが、いくら時代が進んでも、欲しい商品や贈りたい商品を最終的に決めるのはお客様であり、その心です。そうである限り、提供側にも人と心が必要です。ビジネスである以上、お金を稼ぐことが前提になりますが、そのお金を得るためには「何のためにするのか」という根本を考えることが大切です。

通販の各業務も、役割によって違いはありますが、「お客様のために何を提供できるのか？」を考えなければならない点は共通しています。全体を貫くミッションをすべての業務と連動させることで、デジタルでは達成できないモチベーションと業務レベルが高まります。お客様との接点が信頼＝ブランド力を向上させ、さらなる売上拡大につながっていきます。

お客様のために何ができるか？

各業務の重要ミッションを
どう有機的に連携させるかを考える。

企画

＝

ミッション

（**お客様に喜びを提供する**）

- 販売企画
- 商品企画
- 制作企画

物流

＝

ミッション

（**お客様に喜びをお届けする**）

- 出荷作業
- 検品作業
- 梱包作業

管理

＝

ミッション

（**お客様にご迷惑をかけない**）

- 調達管理（発注）
- 在庫管理
- 受注管理

営業

＝

ミッション

（**お客様の声を聞き反映させる**）

- BtoB 営業
- コールセンター

顧客満足のために

8 ギフトのリピート購入を増やすために必要なこと

通販ビジネスでは新規顧客獲得に高いコストがかかるため、リピート購入客をいかに増やすかは重要な課題です。自家需要の消費材のように「なくなれば同じものを購入する」ことが発生しないギフトでは、一見難しいように思いますが、決してそうではありません。

信頼感がギフトのリピート購入の決め手

過去に利用したショップで同じ商品や他の商品をリピート購入されやすいシーズンイベントが、中元、歳暮、母の日、父の日、敬老の日です。

特に食品を贈るケースが多い中元・歳暮では、「去年贈った品が『すごくおいしかった!』と喜ばれたから、今年も同じものを贈ろう」となりやすく、5年、10年と同じ商品を同じお店で贈り続けている方もいます。同じ商品を〝違うお店〟で、ではありません。自家需要以上に、企業やお店への信頼が必要なギフトでは、商品や対応に一度信頼を抱いてもらえると、他のショップに浮気されにくい側面があるのです。

リピート促進に欠かせない購買履歴の活用

ネット通販の強みは、過去の購買データが残り、お客様側でも購買履歴が確認できることです(利用システムによる)。販売側はシーズンイベントの1~2ヶ月前にメールでお知らせする利用促進が可能です。

お客様側の利点は、過去に「どこに何を贈ったか」が確認できることに加え、面倒な贈り先の氏名・住所の登録が不要であることです。DMを郵送する場合でも、専用注文書に過去の購買履歴をあらかじめ印字してお送りすることをお勧めします。お客様側の手間がかかればかかるほど、購入率は下がっていくからです。

リピート購入されやすいシーズンイベント

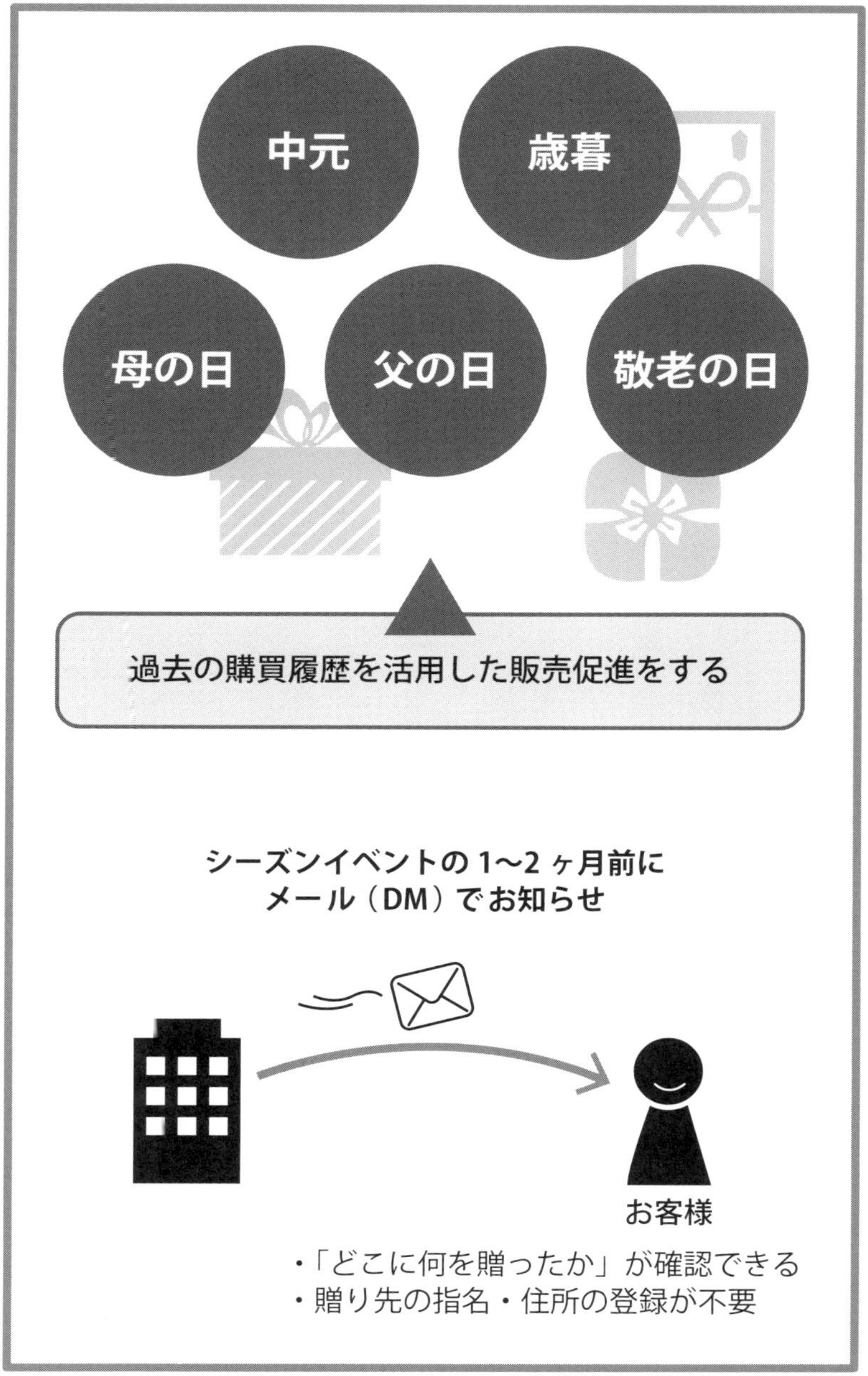

「お取り寄せ」を「ギフト商品」に転換し1年で売上3倍・利益10倍を実現！

フレンチレストラン　ノワ・ド・ココ（大阪市北区）

オーナーシェフの清水光氏の「日本一のローストビーフを作りたい！」という思いから生まれたローストビーフは、お取り寄せの情報サイト「おとりよせネット」で大賞を受賞するほどの人気商品に育ちました。2016年、さらなる事業拡大に向けて産直ギフト商品を開発し、5年以内に売上5億円（小売ベース）を目指すことになりました。とは言え、お取り寄せ商品はシェフ1人で手作りしている状態。規模を拡大するには、リソースが圧倒的に足りません。そこで、アウトソーシングで卸販売する体制作りを進めました。シェフは監修に専念し、原料・加工・物流体制と、大手ルートに強い数社に絞った営業体制を同時に整えたのです。

まず、1万5000円の和牛ローストビーフを開発しました。産直ギフトで最も多い価格帯は、送料込3000円台後半～5000円ですが、競争が最も激しい価格帯に参入しても採用される確率は低いため、高額商品の開発・販売をじっくり進めました。価値を伝えるPRに取り組んだ結果、数社で採用が決定。高額な分、出荷個数は少なく済み、流通の工程をチェックしながら回すことができたのも利点でした。この実績をもとに、売れる価格帯の商品を開発。一気に採用企業が広がり、自社通販と卸販売の合計での売上は5000万円から1億5000万円へ、営業利益は10倍へと伸長。さらに目標売上5億円の達成に向けて突き進んでいます。

初期流通用に開発した黒毛和牛 A4 ロース使用
ローストビーフセット　送料込　15,000 円

煮込みハンバーグ
送料込　3,500 円

国産牛２種
食べ比べ
ローストビーフ
国産牛
送料込　5,000 円

ギフト通販用商品の卸販売ルートが拡大・確立、
自社サイトへの相乗効果も大きく

▲

百貨店ギフト	**大手ギフト**	**大手通販**
髙島屋 三越伊勢丹 阪急百貨店 近鉄百貨店	シャディ ハーモニック	ジャパネットたかた ベルーナ オットージャパン

大手ＥＣ	**大手流通ギフト**	**郵便局ギフト**
千趣会イイハナ au Wallet Market LUXA WOWMA オンワード・マルシェ バルーミー	イオン ミニストップ	郵便局物販サービス 東京特選会

有名雑誌ＥＣ　おとなの週末

7章

ギフト通販流通のキモ
物流と梱包

1 宅配業者によって発生する問題

通販ビジネスと切っても切れない存在が宅配物流です。日本の宅配はヤマト運輸・佐川急便・日本郵便（ゆうパック）の大手3社で90％以上を占めています。ネット通販の隆盛とともに、２０１７年度の宅配便の総取扱数は、前年度比５・８％増の42億５１３３万個となりました。

宅配で商品に関わる問題

国民生活センターが平成27年に「宅配便の商品に関する相談内容と件数」を調査・発表しています。このうち、「商品未着」（３７０件）、「配送ミス」（２３９件）、「紛失」（１９３件）、「破損・損傷」（95件）、「裂け・亀裂」（75件）といった相談は、その多くが宅配業者によって発生する問題です。そうであっても、委託した販売者側の責任として舞い込んでくるのが宅配でのクレームです。

ギフトの場合、このような問題が生じたとしても、受け取った人が遠慮して贈り主や販売側に何も言わず、表面化しないケースもありますが、それでよしとしてはいけません。贈り手・受け手双方が満足してこそ、商品のリピート率は上がり、ギフトビジネスの成長につながるからです。

「破損・損傷」「裂け・亀裂」などは、宅配業者が荷物を粗雑に扱った結果、引き起こされる問題でもありますが、宅配を委託した側で、ある程度は未然に防ぐことができます。「指定日に到着しない」という問題についても同様です。

大切な商品が綺麗な状態で必要な日に届くよう、トラブルを未然に防ぐ対策をできるだけ講じておくことが必要です。具体策は１４４ページ以降で解説します。

宅配便取扱個数の推移

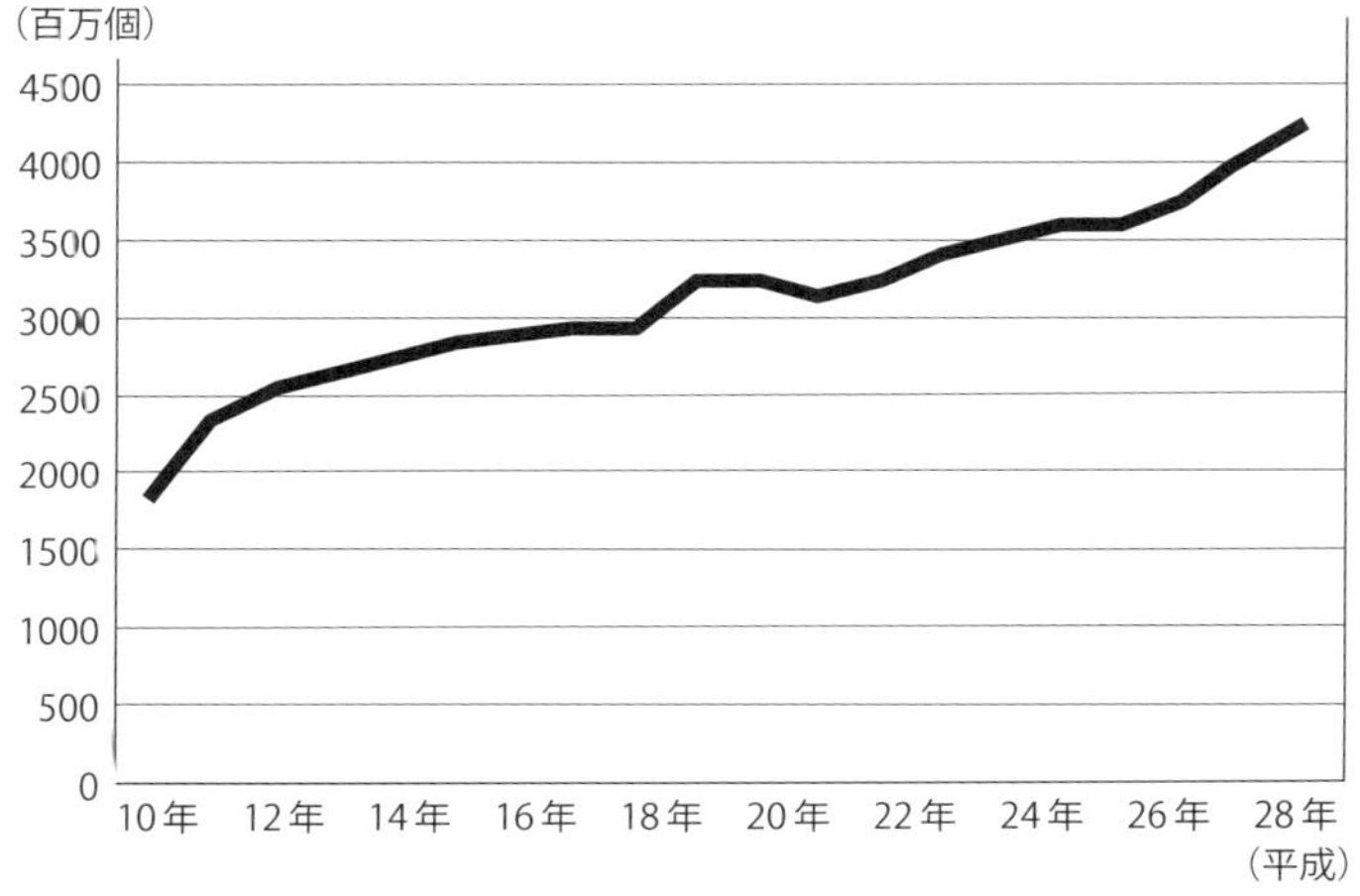

出所：国土交通省

通販における宅配便トラブルの相談内容と件数

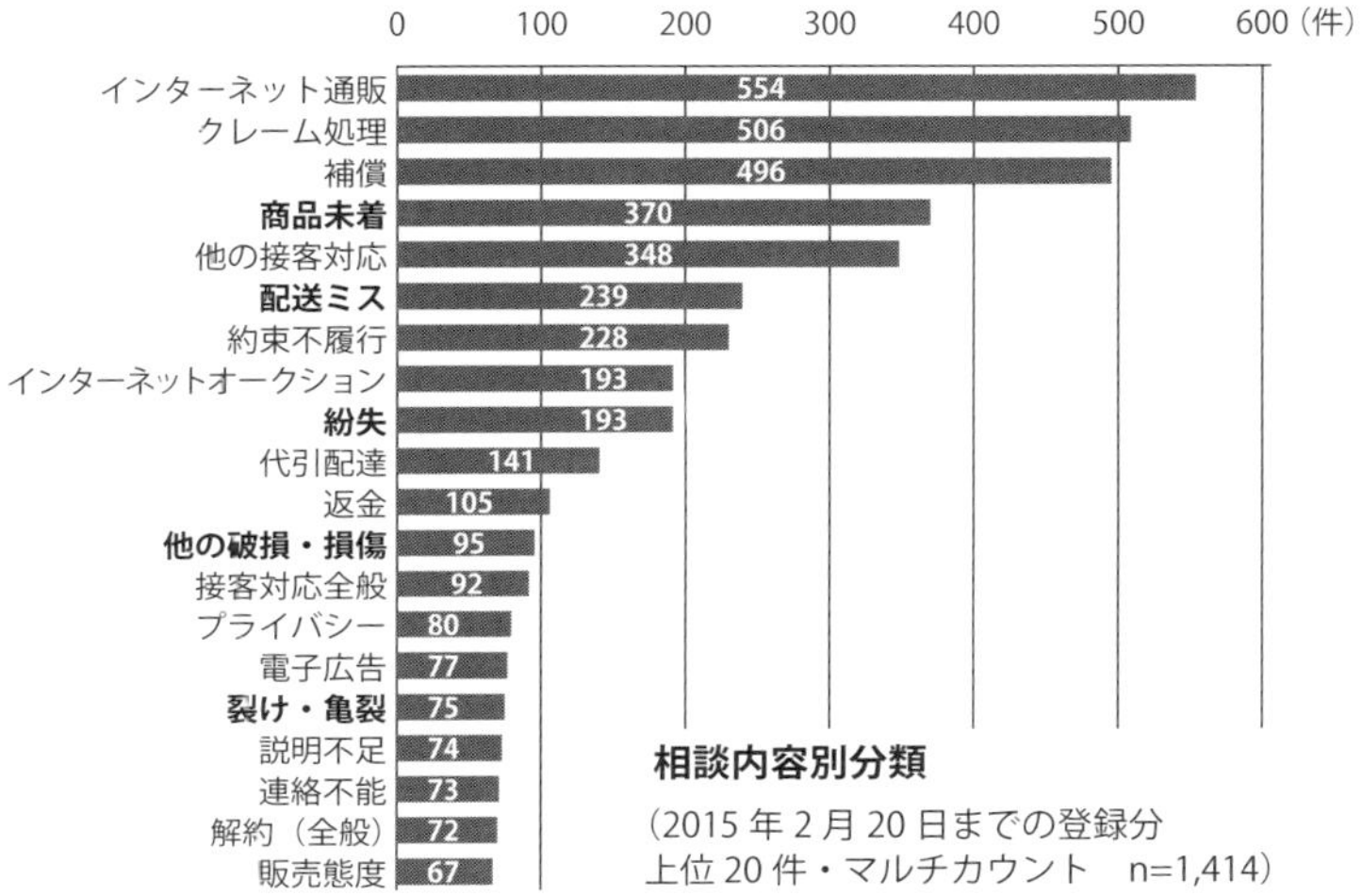

相談内容別分類

（2015年2月20日までの登録分
上位20件・マルチカウント　n=1,414）

出所：国民生活センター

2 宅配トラブルへの対策

梱包に最大限配慮する

何度もお伝えしているように、商品が届いた時、それは通販で唯一のお客様とのリアルな接点です。中身の商品がよくても、梱包や荷姿が悪ければ、商品価値やブランド価値、企業価値がなくなると言っても過言ではありません。お客様は宅配業者よりも、販売事業者に対する印象を悪くします。

できる限り梱包の質を高める

ほとんどの荷物は問題なく届きますが、中には箱が潰れて届いた、箱を開けてみたら中身がグシャグシャだったなどの経験がある方もいらっしゃるのではないでしょうか。

どのような宅配でも、100%大丈夫ということはまずありえません。

大半の企業が宅配便を利用するため、大事な商品をいかに安全に届けるかについては、宅配業者も努力していますが、荷主はそれ以上に商品を守るための丁寧な梱包作業、少々押しても引いても大丈夫な梱包形態を当初から設計しておく必要があります。

箱や袋のサイズは商品の大きさにマッチしているか？　商品の破損が防げる強度か？　箱の中で商品が動かないように緩衝材を使っているか？　テープは剥がれないように貼られているか？　「天地無用」「取扱注意」など注意シールを貼っているか？

これらを見直すだけで、破損を防ぐことにつながります。

売上を上げるために品揃えを増やそうとしがちですが、その前に、物流や梱包の面で商品の品質を守る体制がとれているかを見直しましょう。不安があるなら、今すぐ改善すべき最優先事項です。

宅配の梱包で配慮すべきポイント

梱包箱・袋

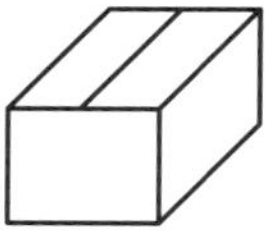

・商品の大きさにマッチしたサイズ
・商品の破損が防げる強度
（資材：ダンボール、宅配用バッグなど）

緩衝材

・特に壊れやすい商品、割れやすい商品などに使用
・箱の中で動かないために使用
（資材：エアーパッキン、ボーカスペーパーなど）

※冷蔵冷凍の食品にカードやしおりなど紙を入れる場合は、濡れないようにビニール袋やデリバリーパックに入れて同梱

テープ留め

・剥がれないよう、中央、左右にしっかり貼る
・テープの端は綺麗にカットする
（資材：ガムテープ、マスキングテープなど）

注意シール

・どんな特性の商品であっても貼る
・まっすぐ綺麗に、美しく見える位置に貼る
（種類：天地無用、取扱注意、ワレモノ注意など）

送り状貼付

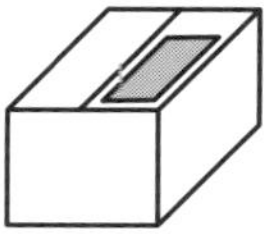

・商品の箱への直貼りは避ける
・まっすぐ綺麗に、美しく見える位置に貼る

3 配送テストと事前打ち合わせを実施する

配送テストは必ずやっておく

自社商品を事前に自分で購入してみることが、一番の対策です。

指定日や指定時間に届くのか、梱包資材に破損や極度の汚れはないか、中身の商品の破損はないか、箱の中で中身の商品が寄っていないか、緩衝材は適切か、熨斗やメッセージカードなどが適切な状態で綺麗に収まっているかなど、お客様に届けるのと同じ条件のもとで配送テストをしてみると、課題が明確になります。

遠方になるほど宅配便の中継地点が増え、トラブルの要因も増します。念のため、遠方への配送テストもしておきたいところです。

また、売り出した後に宅配要因でのクレームが発生していなくても、時折、同じように配送テストをして、少しでも課題が見つかれば、改善してください。

宅配業者との打ち合わせと状況確認

契約している宅配業者と事前に打ち合わせをしておくこともお勧めします。到着日に関するトラブルは、宅配の荷物が集中的に増えるシーズンイベントの時期に、特に注意が必要です。母の日、クリスマス、年末（おせち料理）など、大量の荷物が1～2日に集中する時期は、配送拠点によってはパンク状態になり得ます。自社がそのイベントで商品を販売する予定がなくても、巻き込まれてしまう可能性があります。

他にも商品の梱包やその強度に問題はないか、注意喚起を知らせるシールの貼り付け位置が適切かなど、箱の大きさや素材・形によっても変わるので、打ち合わせの際に確認して、アドバイスをもらってください。

破損や指定日に届かないトラブルを未然に防ぐためにしておきたいこと

■自社での配送テスト

自分自身で自社商品を注文してみる

[チェックポイント]

- ☐ ①指定した日時に届いたか
- ☐ ②梱包資材に破損や極度の汚れはないか
- ☐ ③中身の商品の破損はないか
- ☐ ④熨斗やメッセージカードなどの同梱物は綺麗に収まっているか

■宅配業者との打合せ

[チェックポイント]

- ☐ ・配送地域別の到着までの日数・日時確認
- ☐ ・シーズンイベント時や繁忙期の状況確認
- ☐ ・梱包や注意シールの貼りつけ方に問題がないか見てもらう

利益捻出の策 4

梱包資材から営業利益を5倍生み出す方法

自家用の商品では外装や梱包よりも中身の充実を求められるほうが多いのですが、ギフトの場合、贈り物にふさわしいパッケージや包装など、贈り手のセンスを表現する要素も重視すべきです。

ギフト化で利益を5倍にする価格設計

左の図は、上が自家用の商品として販売する場合、下がギフト化した場合です。

商品総コストは上が2200円、下は2400円と、その差は200円です。それに対して販売価格は4000円から5000円と、25%もアップしています。総コスト上昇分の200円をどこにかければ販売価格を上げられるか、これを考えてみてください。

仮に商品本体のコストを200円追加しても、元の2000円から10%の増加に過ぎません。そのインパクトは薄く、25%もの売価アップには耐えられません。お客様に納得していただけないでしょう。

商品そのもののブラッシュアップは重要なことではありますが、もっとお客様に価格を納得いただけるコストのかけ方があります。

ギフトの肝、梱包費をどこまでかけるか

ギフトの場合、製品そのもののブラッシュアップも大切ですが、同額のコストなら包装資材や梱包資材にかけたほうが効果的です。それまで200円の資材費に200円を足せば、2倍のコストがかけられるため、視覚効果も高くなり、目に見えて「いいもの」に見せてくれます。これが「贈りたい」と思ってもらえる商品へと変貌させ、商品価値を高めながら、利益面でも大きな貢献を生み出すことになります。

ギフト化で営業利益を5倍にするシミュレーション

■自家用商品の価格設計

科目	金額	率	商品総コスト	率
販売価格	**4,000**	100.0%		
商品コスト（本体）	2,000	50.0%		
商品コスト（梱包費）	**200**	5.0%	2,200	55.0%
販管費（広告宣伝費）	800	20.0%		
一般管理費	800	20.0%		
営業利益	**200**	5.0%		

販売価格
4,000円
↓
5,000円に

営業利益
200円
↓
1,000円に

■梱包費を2倍にしてギフト化した場合

科目	金額	率	商品総コスト	率
販売価格	**5,000**	100.0%		
商品コスト（本体）	2,000	40.0%		
商品コスト（梱包費）	**400**	8.0%	2,400	48.0%
販管費（広告宣伝費）	800	16.0%		
一般管理費	800	16.0%		
営業利益	**1,000**	20.0%		

梱包費（資材など）を2倍にしてグレードアップ。
代わりに、販売価格を1.2倍に設定する

利益捻出の策 5

無料サービスを有料化する

Amazonの日本のサイトでは、ギフトサービスが有料なのをご存じでしょうか? 包装はリボン付きのラッピング袋にタグを通し入れるだけ、メッセージカードが付いて、熨斗は3種類から選択(名入れはなし)とシンプルなものですが、カジュアルなギフトとしては十分なクオリティです。Amazonはこのサービスに税込308円(2018年現在)を課金しています。

ギフトサービスに有料サービスを付加すると

ギフトサービスをすべて無償にしている販売サイトをよく見かけますが、「競合他社がそうしているから」「業界トップがそうしているから」など、お客様から見放されてはいけないとの不安から無料としているところも多いでしょう。それも理解できますが、有料サービスも用意しておくことをお勧めします。それだけでギフトに力を入れていることをPRできますし、利益にも直結するからです。ただし、少々お金を払ってでも利用したいと思っていただけるサービス内容と価格なのか、その価格設定のサジ加減は必要です。

大事なのは、有料・無料の価値の差を明確にしておくこと。無料はラッピング袋に入れるだけ、対して有料は特別にデザインされたギフトボックスや包装紙でのラッピングが施されるなど、差をつけることです。

仮に、年間利用客2万人×客単価5000円=年商1億円、営業利益率5%のサイトで、250円の有料ギフトサービスを8割の4000人に利用していただければ、営業利益率は120%にも高まります。

最近では「サービスにかかるコスト」に理解を示すお客様が増えているので、「サービスは無料でやって当たり前」という発想を見直してはいかがでしょうか。

ギフトサービスに250円を課金した場合の利益シミュレーション

通販年間利用客	20,000人	
平均客単価	5,000円	
通販年商	100,000,000円	
営業利益率	5%	
営業利益額	**5,000,000円**	

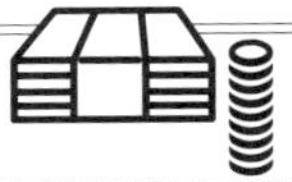

うちギフト利用者人数	5,000人	全利用者の25%と仮定
有償サービス利用者	4,000人	ギフト利用者の80%と仮定
有償サービス単価	250円	
サービス売上	1,000,000円	
営業利益額計	**6,000,000円**	

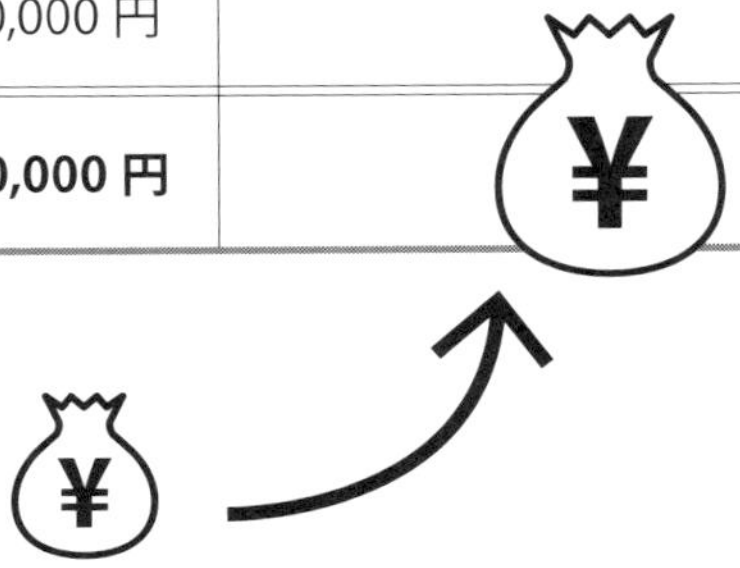

営業利益は120%アップに

ラストワンマイルよりも大事なこと

アメリカのロサンゼルスに本拠を置く「Lumi」は IT を活用して梱包資材を販売する会社で、32歳と30歳の若き起業家が設立しました。1000以上の工場を独自ソフトウェアでネットワーク化し、梱包用アイテムを製造、提供。携わった商品は食品、マットレス、化粧品、薬、電気製品、本、ゲームまで多岐にわたります。収益源は、耐久性やデザイン性の高い箱やテープ、包装用紙、紐バッグなどの梱包用資材、カスタムテープやゴム印などの販売です。

通販企業にとって顧客との最初の接点は「梱包」

Lumi の経営者が、自社の事業をわかりやすく説明している記事を引用します。

「特定の梱包パーツを得意とする工場を見つけるのは手のかかる作業だが、Lumi は、テクノロジーを駆使することで顧客にとって使いやすいサービスを作り上げている」「Lumi は、データを駆使して顧客に最適な工場を提案し、顧客が満足する箱を作ることが可能」「我々は何百ものEC企業からの発注を取りまとめているため、ブランドは Lumi を介すことで単独では獲得できない好条件を得て、梱包材料費を削減することが可能」「EC業界は驚異的に成長しているが、梱包はB2C企業にとって極めて重要だ。なぜならば、Eコマース企業にとって梱包こそが顧客との最初の接点だからだ」（Forbes Japan より）

自家用の通販もギフトの通販も、ECでもDMや

■ Lumiの取り扱いアイテム

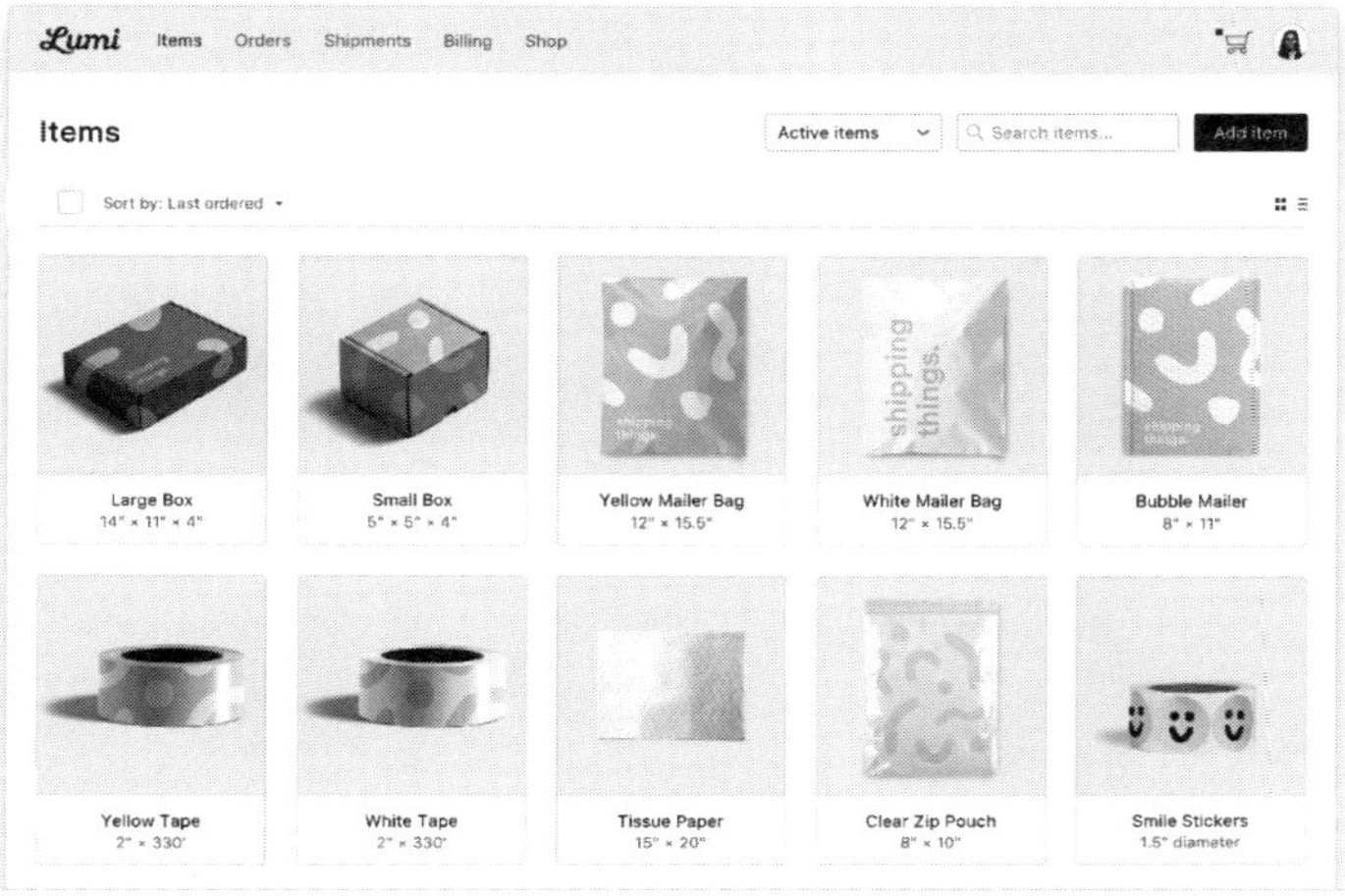

出所：Lumi ホームページ　https://www.lumi.com/

TV通販でも、お客様とのリアルな最初の接点は、中身の商品より先に〝箱（袋）〟です。自家用であっても贈り物でも、商品の梱包がどういう状態かで、お客様の印象が決まります。資材コストを抑えつつも、より深く考え練られた最低限のデザインや工夫を施さないと、商品の品質やデザインがいくらよくても、そのよさの伝わり方は半減しますし、提供事業者へのロイヤリティも薄くなってしまいます。

今、ECを中心とした通販の世界でよく言われる「ラストワンマイルを制す」はもちろん大事なことですが、届けた時、受け取った時にどう感じられるのかは、ラストワンマイルの手前で手を打っておくべき大事なことです。テープ留め1つとっても、シンプルな茶色や白のテープなのか、デザインされたマスキングテープなのか、貼り方は丁寧なのかラフなのかによって、その印象は大きく変わります。

8章

卸販売のチャネルを構築する

売上拡大と露出効果

大手流通会社への卸売で得られる相乗効果

中小規模の会社は、消費者への直販（自社店舗・自社通販）だけでなく、同時に卸販売にも取り組んでいるケースが多いでしょう。普通に言えばＢtoＢ（企業間取引）ですが、この章ではＢtoＢtoＣ（企業間取引を通じて消費者へ届ける）での視点から、その活用法やポイントについて述べていきます。

ある日、当社のクライアントから次のような報告をいただきました。

「あるお客様より『〇〇百貨店サイトの父の日の特集で□□を購入したらとてもおいしかったので、また注文したかったのですが、そこではもう扱っていませんでした。どこで買えますか？』と、嬉しいお問合せをいただきました！」

新規卸先が1年で20社以上に

この企業は、たった1年で大手流通を中心に20社以上での採用を成功させ、通販売上を一気に10倍に伸ばしました。この卸販売で全体の売上を大きく伸ばした要因は、大手を中心とした外部での露出が高まるほど、自社サイトへの訪問、購入も知らず知らずのうちに増えたことにあります。

昨今では、リアル店舗のショールーム化が問題になり、それを逆手に取って、あえてショールームにしてネットで注文してもらうスタイルも生まれています。紙カタログでも同様に、カタログを見た方がネットで検索し、販売者や製造者のサイトに直接訪れる動きもあります。物販の世界では「カタログ、ウェブサイトのショールーム化」も起きているという現実があるのです。自社のウェブサイトだけでなく、卸先での露出も高めれば、相乗効果が生まれます。

郵便局のギフトカタログに掲載された場合の効果

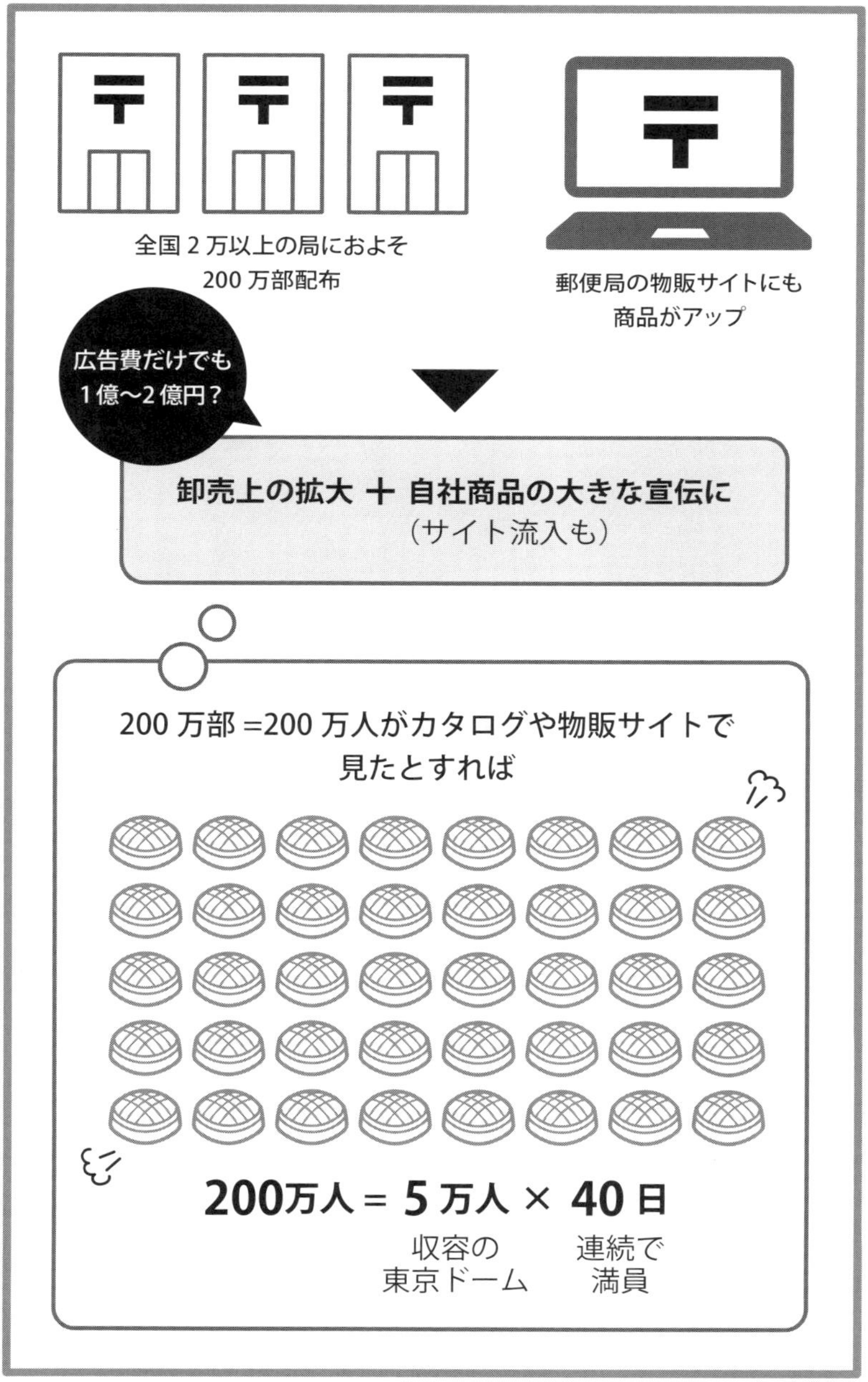

売上拡大と露出効果

2 卸販売の売上拡大は卸価格と上代が左右する

卸販売は、当然ですが他社が持っている売り場や顧客に向けて〝売っていただく〟ことです。自社の利益確保も重要ですが、それ以上に相手の利益と、採用するメリットがあるかどうかが最も問われます。

卸販売で苦戦する理由

「自社のネット通販とDM通販をやっていますが頭打ちになってきているので、卸販売を絡ませて2、3年後にはトータルで年商10億円くらいにしたいです。ですが、営業してもなかなか決まらなくて……どうすれば採用されるのでしょうか?」

ある食品メーカーの社長からこのような相談を受けました。このメーカーの製品は素晴らしく、パッケージデザインもよく、ギフトとして十分な出来栄えです。では、なぜ卸販売で苦戦するのか。答えは明確、卸価格が高い（設定上代が低い）からでした。よほど商品に魅力があれば、少ない粗利でも、相手側の品揃え戦略的に採用されることもありますが、それは稀なことと認識しておく必要があります。

案内する参考上代と自社サイトとの上代差も致命的

また、このメーカー自社通販サイトでは、卸先への案内商品と同じ商品が2割ほど安く売られていました。この点も卸販売を進めていく上では、致命的と言えるマイナスポイントです。ネットで簡単に価格調査ができる時代であるにもかかわらず、同様のケースを本当によく目にします。自社だけで売るのは、いくらの価格設定をしようと自由ですが、売上拡大のために卸販売も広げたいのであれば、売ってくれる相手の立場を考慮して、上代を合わせておかねばなりません。

卸先はどこを見ているか

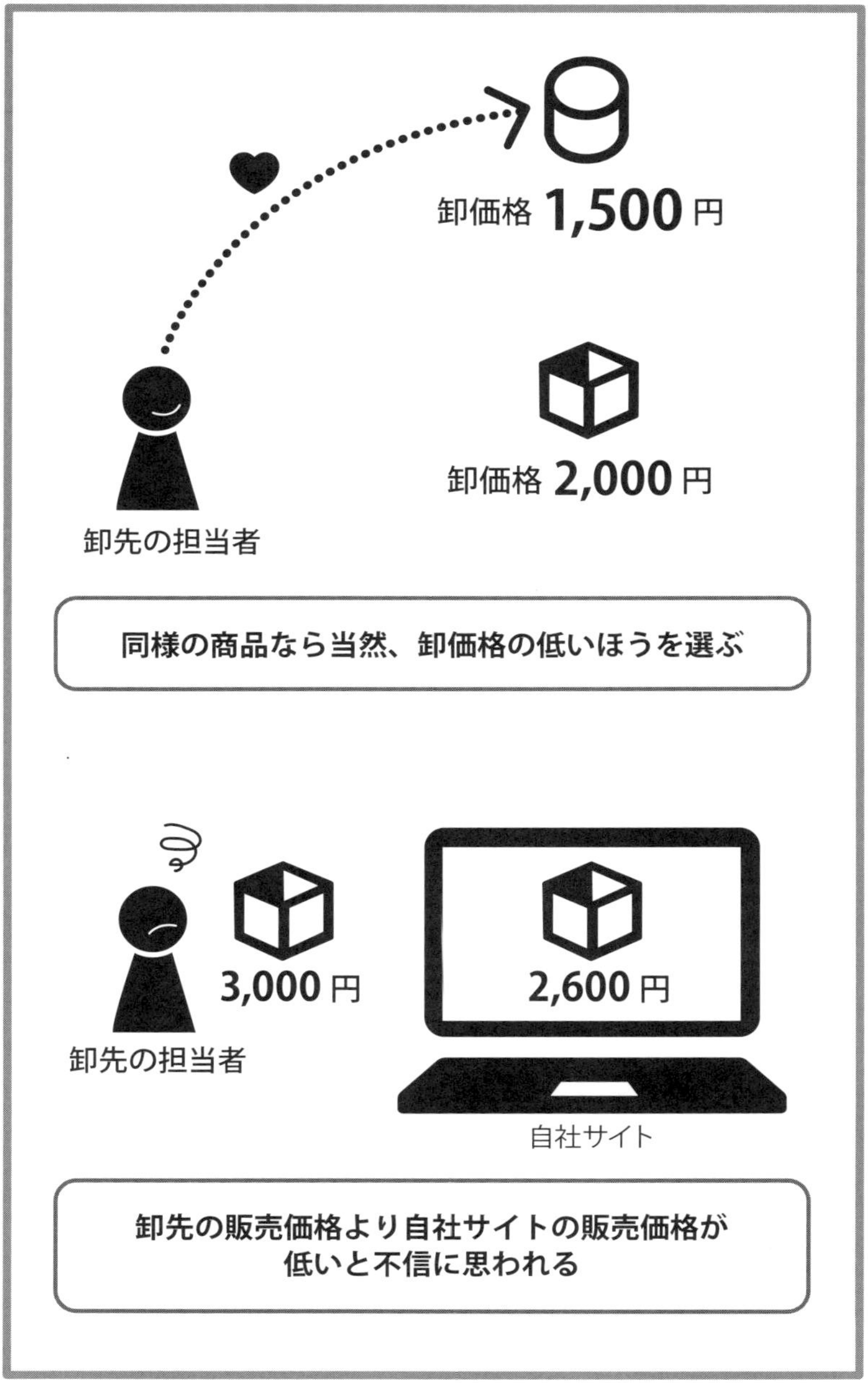

3 売上拡大と露出効果

どんな会社が採用されやすいか

中小企業の通販の卸販売にとって、大手流通は売上拡大のためには最も有効な手段ですが、もう一つＥＣ・ネット販売をメインで行なっている企業への卸販売があります。大きな数の納品はさほど期待はできませんが、露出という意味での大きな魅力があります。

小規模事業者は常に新しい商品を探している

今ではさまざまな小規模事業者がネット通販に乗り出しています。小規模なネット通販専業企業の多くは、商品を仕入れて販売しているので、常に新しい商品を探しています。販売量は少ないかもしれませんが、大手に比べると提供者側の仕組みや条件に合わせてくれる傾向にあり、採用もされやすい卸先と言えます。とにかくたくさんの商品をアップする戦略をとっている場合も多いので、ランディングページごと供給してあげると、先方のウェブ制作コスト削減につながり喜ばれることがあります。

異業種からのネット通販事業進出企業も商品不足

これまで自社通販に乗り出していなかった異業種の大手企業も、ネット通販に続々と進出しています。商品がない状態からの一からの立ち上げで、当然商品が不足しているため、採用されやすいのです。新聞やネットで「○○業界大手の□□社がＥＣを開始」などの情報を見つけたら、直接アプローチしてみましょう。大手であれば与信もクリアしやすいでしょう。まだ通販での実績が乏しい先々への卸販売は、ダイレクトに大きな売上を期待するというよりも、露出であり、宣伝費のかからない〝広告〟の側面が強いものと捉えてください。

狙い目は「異業種から参入の大手企業」

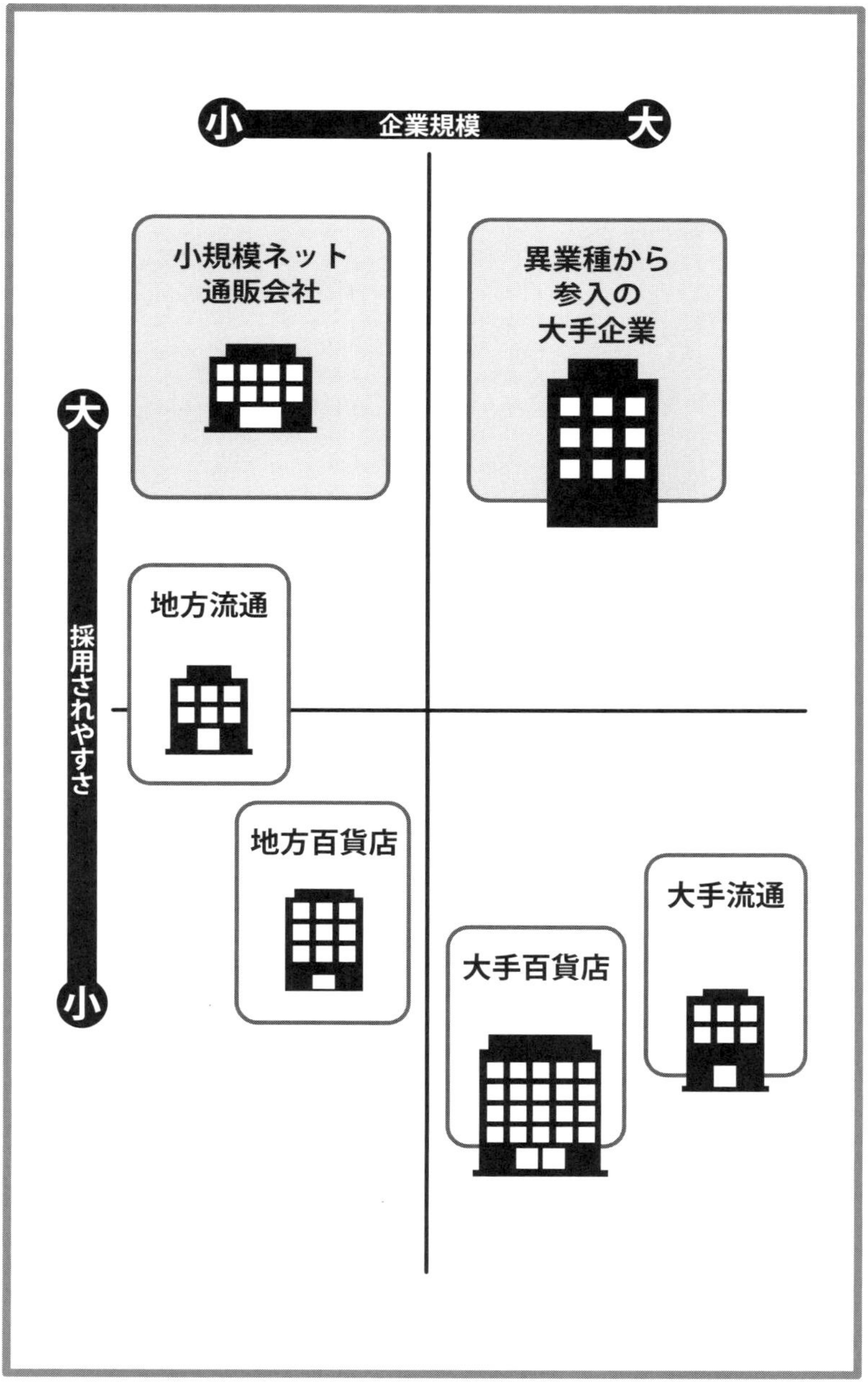

卸販売特有のリスクに対応しておく

卸売に特有の販売リスクもあります。販売先が大手であればあるほど、数多く売れば売るほど、特有のリスクが高まるため、できる限りの事前対策を講じておくべきです。

大手流通会社への卸売に潜む落とし穴

「大手だからたくさん売ってくれる」というのは、正解でもあり不正解でもあります。もちろん主力商品になれば当然大きな販売力を持っていますが、昨今では大手も必ずネット販売をしており、大手ほどウェブ上に無尽蔵なほど商品を掲載するため埋没してしまい、まったく売れないというケースもよくあります。

売れない場合でも多数の書類の提出や受発注の煩雑なやりとりなどは変わらないことから、非効率になることも多いのです。

一方、露出という意味では大きな効果があるので、たとえ売れなくても、よほどの経費負担や事務処理がない限りは続けるという判断もあります。

最も気をつけなければならないこと

売れたら売れたで大きなリスクも潜んでいます。一番怖いのは、売った後に商品の不具合が発覚することです。この場合、商品の全数再発送、全件クレーム対応や費用負担が発生し、最悪の場合、取引停止、売上補填が発生することもあります。

ですので、少しでも仕様の変更や不具合があればすぐに連絡を入れ、未然防止やリスクの軽減につとめてください。「これぐらい大丈夫だろう」と決して自社内で判断をしないこと。必ず卸先に一報を入れ、相談、指示を仰いでください。

卸売における主なミスとリスク

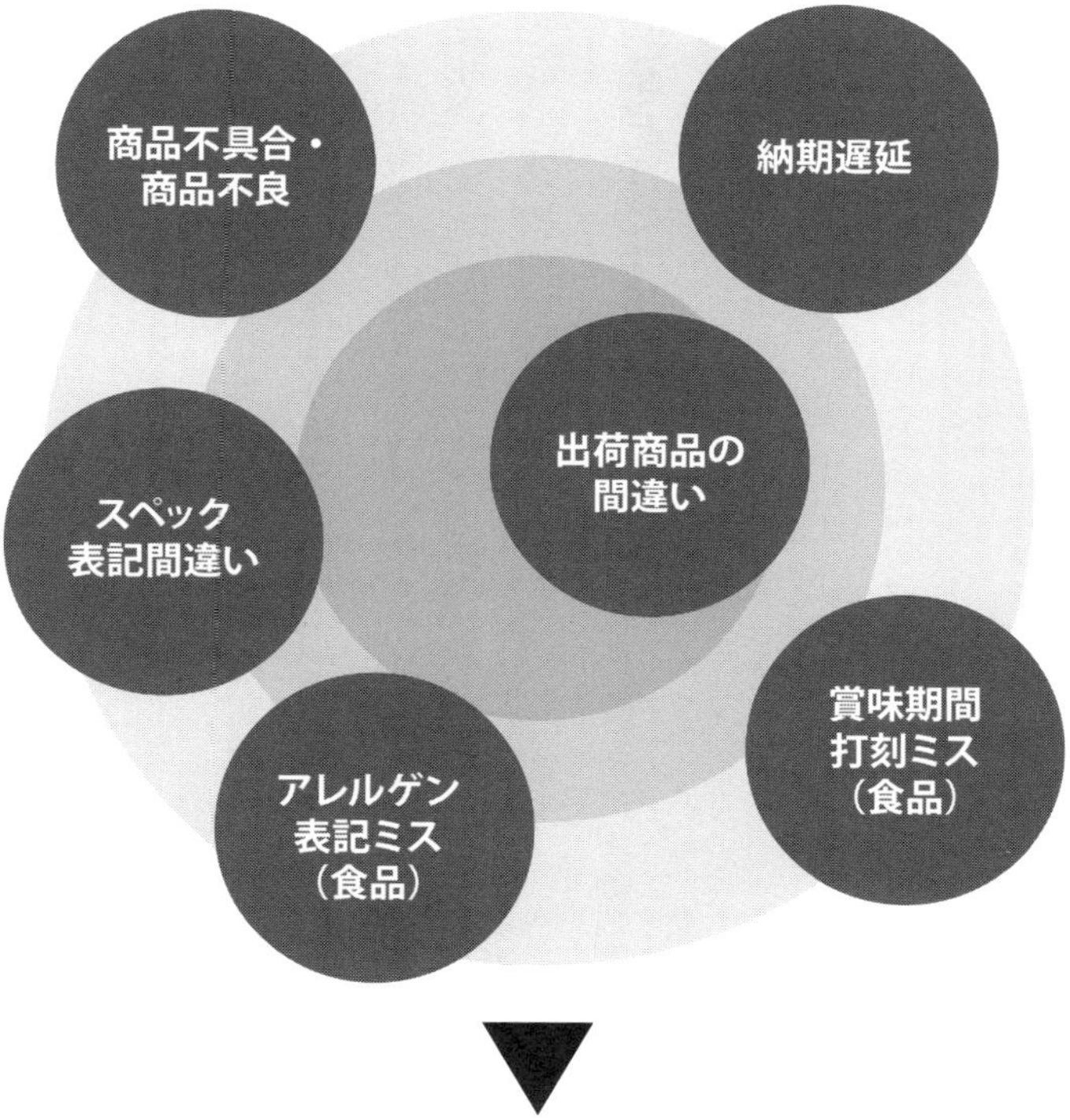

卸先から強いられる対応

- 無償での再発送や商品交換（ひどい場合は過去分の全数再発送も）
- お客様へのクレーム対応連絡、謝罪、費用負担
- 顛末書、始末書、改善書などの書類提出
- 販売停止による見込み売上の補填
- 取引停止

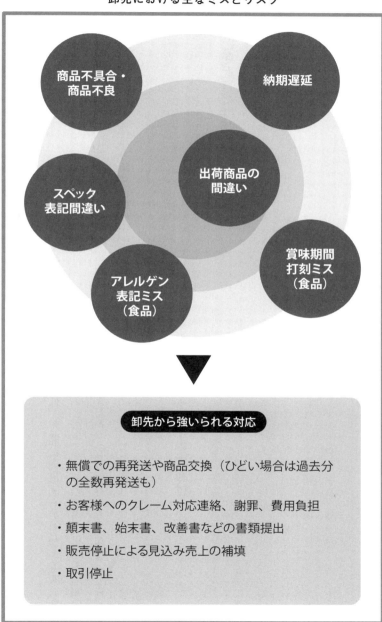

採用確率の向上策 5

提案先の業界や会社を深く理解する

提案する相手の業界を少しでも知っておくと、商談がスムーズに進む確率が高まります。中小企業の社長や営業マンの中には、あまり情報を持たずに商談に臨む方もいますが、そのせいでバイヤー側の説明が増して負担となり、互いの時間も浪費してしまいます。

相手のことをどれだけ知っているか？

さらに相手の会社のビジネスモデルがわかっているとなおよしです。ある程度理解している、理解しようとしている会社や営業マンに、バイヤーは信頼を覚えます。

商品がよく、卸価格も条件に合うという前提あっての話ですが、それと同等かそれ以上に自分たちの業界、会社をわかってくれているというのは、非常に大きなことなのです。

私は前職時代、年間に何億円ものギフト通販の取引をした大手コンビニチェーンの担当役員の方に開口一番こう言われました。「『四ツ谷』も知らないでうちの仕事やるんだ」。コンビニ業界で「四ツ谷」と言えば、セブン-イレブンを指していたのです。

準備が9割、本番1割なわけ

多くの場合、営業提案の準備というと商品のことや自社のことだけになりがちですが、相手が大手になるほど、バイヤーは膨大な数の商談・商品と日々対峙しています。その中で採用に近づき、採用された後も埋もれないためには、相手企業の品揃えに対する課題を想像し、マーケット状況も含め、商談前にしっかりその準備を行なうことです。その後に商品を提案すると、採用への確率がグンと高まります。

商品を提案するのはどんな業界？

百貨店業界

スーパー業界

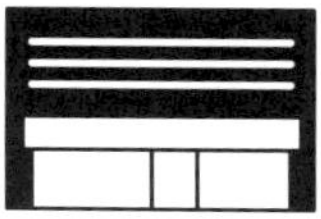

コンビニ業界

ギフト業界

ネットなど通販業界

業界ごとの本業の特性や状況などを
できる限り知った上で提案や商談に臨む

▼

完全に理解しなくても、理解しようとしていることが
相手に伝われば、商談がスムーズになる

採用確率の向上策 6

新商品の商談を無駄にしないために

私はこれまで、通販・ギフトの各業界で数え切れないほど、商品採用や商品開発のための商談をしてきました。その中で、再度ご来社いただかなければならない場面が多々ありました。遠方からお越しになる中小企業の社長や役員、部長クラスの方も多く、常に忙しく時間単価も高い役職の方々なのに、商談をもったいない時間にしてしまっていると感じていたことは、一度や二度ではありません。

現物サンプルなき商談の9割が無駄足か二度手間に

商談時に最も残念に思ったのは、現物サンプルがないケースが多かったことです。商品の魅力や卸価格などの条件はクリアしているのに、現物がない。もちろん、通販ではウェブやカタログでの販売なので、お客様は手に取って現物を確認することができません。だからこそバイヤーやマーチャンダイザーは、商談時に現物を確認し、提案書や企画書を見ながら、お客様に伝えるべき要素を営業の方から聞きたいのです。

「商談の場に現物がなければ、採用確率は10分の1になる」と捉えて、サンプル持参、もしくは事前に送って商談の席に着くようにしてください。

ノートPCやタブレット端末は不向き

最近では、商品提案時に現物の代わりとして、ノートPCやタブレット端末で商品画像を見せるケースもあります。実は、相手側はあまり口にはしませんが、画面ではわかりづらく、伝わりづらいのです。現物以上に確認できるものはありませんので、現物サンプル＋紙の企画提案書が最優先で、ノートPCやタブレット端末はサブとして使うことをお勧めします。

新商品提案時に最低限必要なもの

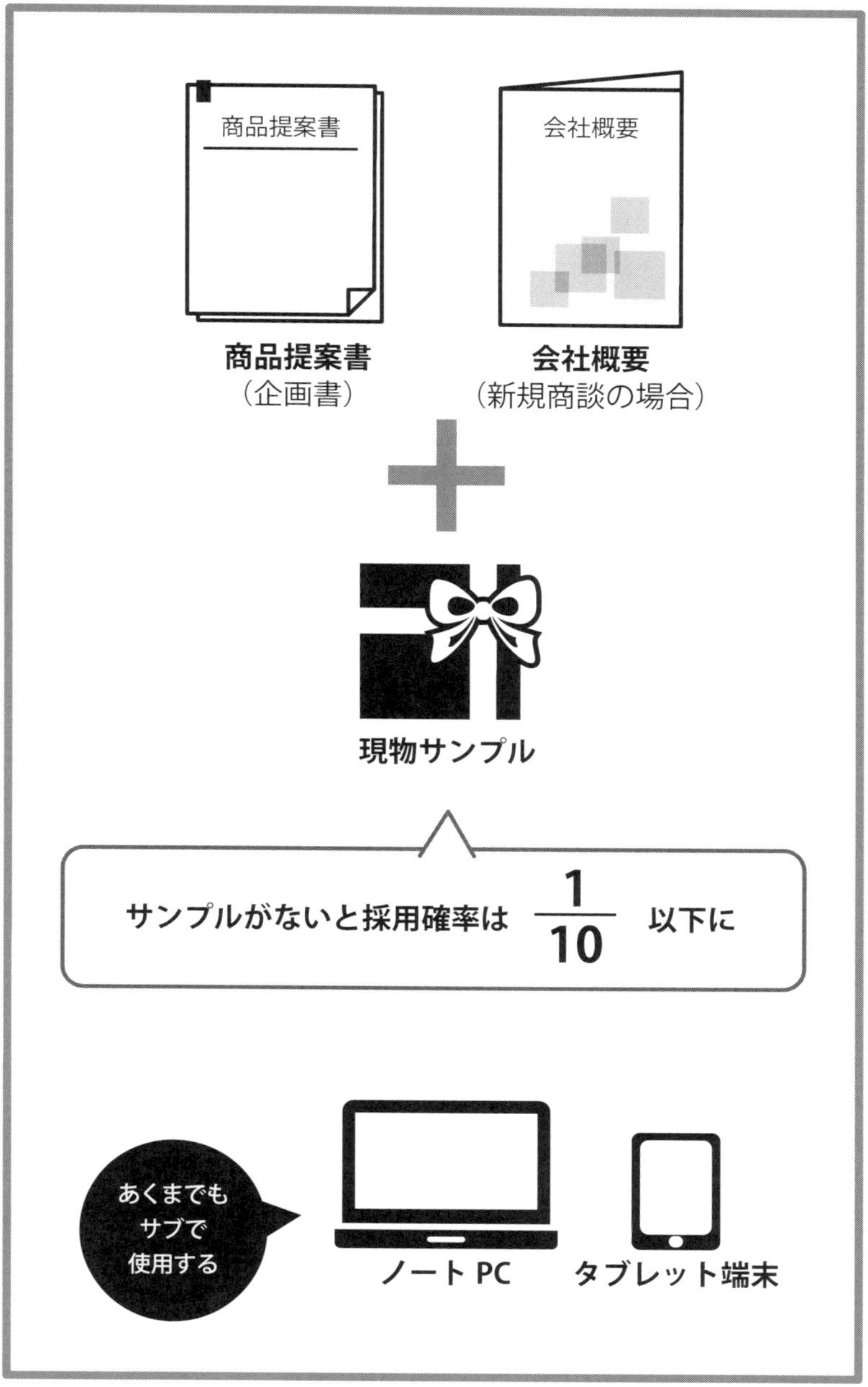

採用確率の向上策 7

商談アポ取りの成功率を高めるメール

先に現物サンプルの必要性を述べましたが、一方で、メールでの提案で採用が完結することも増えてきました。これは、提案を受ける側が商談の時間が取れないほど忙しいからという理由に尽きます。

しかし、提案する側からすれば、メールだと多数の提案の中に埋もれてしまう可能性が高いため、リアルな商談に持ち込むことを心がけてください。

直接会ってみたいと思わせるメール

バイヤーやマーチャンダイザーは、「売れそうな商品」を常に求めています。さらに必要な要素が、これまで述べてきたように、「利益のとれる商品」です。

既存の取引先に新規提案する際のメールの例文と伝えるためのポイントを左ページにまとめているので、参考にしてください。

ダメなアポ取りのメールとは?

意外にも多いのが、こんなメールです。

「〇日～〇日の間で、ぜひ御社にお伺いしたいのですが、ご都合のいい時間はおありでしょうか?」

どんな情報を持ってきたいがために来社するのか? これではまったくわかりません。そのままスルーされるか、返信があっても「提案があればメールを……」となるのが関の山です。

文例とまったく同じにしなければならないわけではありませんが、少なくとも「何について、どの程度の時間が必要なのか」は伝えましょう。

「お忙しい中……」などのうわべの言葉ではなく、話したい内容を明確にすることで、相手は返答しやすくなり、会って話を聞いてみようと思います。

卸先が「会って商談したい」と思うメール

差出人：□□　□□　　13:30　○月○日
件名：**株式会社○○　新商品「（商品名）」ご紹介商談のお願い**
宛先：△△　△△

> 簡潔かつ明確に。具体的な商品名も入れる

日頃は大変お世話になっております。

弊社の新商品ができました。
○○様には、真っ先にご紹介させていただきたく
ご商談のお時間を少しだけでもいただけますでしょうか。

> 「特別に早く情報を届けたい」ことを表現

●商談時にお伝えしたい内容
・新商品「（商品名）」のご紹介（サンプル持参）
・特別卸価格について
・業界トレンド情報

> 「価格メリットがありそう」と思ってもらう

> 商品以外にも有用な情報があることを伝える

お時間はさほどお取りしません。
30分程度で構いませんので
以下の中で、ご都合の良い日程はございますでしょうか？

> 貴重な時間を奪わないこと

①○月○日（○）午前
②○月○日（○）午後
③○月○日（○）終日

> 選択肢は多すぎず、少なすぎず

では、ご返信をお待ちしております。

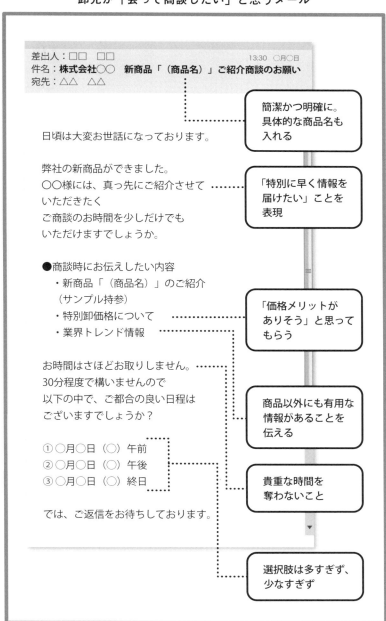

採用確率の向上策 8

決定権者まで話を届かせるには

大企業や年商数十億円規模の企業では、商談窓口は専門のバイヤーやマーチャンダイザーですが、商品採用の最終決定権は持っていないケースもよくあります。バイヤーが採用したくても、最終的には直属の上司、企業によっては担当役員や社長にまで決裁を仰がなければならないこともあります。

相手企業の内部まで攻略する逆算営業戦略

最終的には上司や経営者が判断する場合、商品窓口の担当者は、社内営業が必要になります。「うちの会社は、社外営業よりも社内営業のほうが大変だ！」なんてことはよく聞く話ですね。

バイヤーやマーチャンダイザーは大抵、無類の商品好きです。ですが、上司や経営層は客観的な情報しか見ません。いくらバイヤーに気に入られても、社内会議で却下ということも多々あるのです。社内会議を見越し、口頭ではなく客観的な情報を提案書に盛り込んでおきましょう。社内会議に通りそうな情報があると、バイヤーはとても助かります。

バイヤーに聞いてはならないNGワード

バイヤーが商談時にかなり高い確率で聞く言葉、それは「納めは何掛けですか?」です。親切なバイヤーなら答えてくれるかもしれませんが、安く仕入れるために低めに言うなど、正直に答えるとは限りません。何掛けとは聞かず、「参考上代は○円、卸価格は○円」と、最初からベスト価格と思えるものを提示してください。そこからの価格交渉は互いにアリでしょうし、希望の納入価格があまりにもかけ離れていたなら、引き上げればいいのです。

商品提案書に入れておきたい内容

❶ 表紙
❷ 会社プロフィール・代表者紹介
❸ 自社の強み
❹ 主な実績
❺ 自社のスキーム（製造・物流体制など）
❻ 商品紹介（写真・コピー・参考売価）
❼ 開発ストーリー
❽ 関連するマーケット情報
❾ 提案商品のターゲット層
❿ 最適な用途・最適なシーン
⓫ お客様の声（あれば）
⓬ 製品詳細スペック

商品情報以外のことをしっかり入れておくと、バイヤーが社内で説明しやすくなる

採用確率の向上策 9

下請け的立場にならないための3つのポイント

卸販売では、買い手・売り手の立場があり、買い手の立場が強いのが大半です。そうした中で、対等とまではいかなくとも、下請け的な立場にならないためのポイントをお伝えします。

我が社からしか出ない商品

最も有効なのが、メーカーならオリジナル商品を提案する、商社・問屋なら総代理店や独占販売権を持っているなど「我が社だけ」という武器です。仕入れ商品を卸す場合は、同業他社からも提案があるかもしれませんし、卸先が直接メーカーに取引を持ちかけることも多分にあるので、卸価格での勝負となり、利益を削らないと戦えないことにもなります。それを避けるには、このカテゴリーの品揃えではどこにも負けないとか、商品提供のレスポンスがどこよりも早いなどの強みが必要になりますが、それも簡単ではありません。そのため、商社・問屋であってもOEM・PBなどでオリジナル商品を少しでも作ることが有効となります。

価格交渉で簡単に引き下がらない

卸価格を少しでも下げたいのが買い手です。商売上、至極当然のことですが、簡単に「検討します」とは言ってはいけません。言うのはタダなので、「とりあえず言ってみよう」というケースも多いのです。

また、当初の提示価格が参考上代の50%だったとします。「うちは40%じゃないと」と言われた場合、どうしても採用にこぎつけたい場合は戦略的に従うこともあるかもしれません。ですがその際でも「40%では本当に赤字なのですが、今回はどうしても採用いただきたいので特別に条件を飲みます。その代わり、○○

下請け的立場にならないために

ポイント1　**「我が社からしか出ない商品」であればベスト**

↓

オリジナル商品、OEM・PB商品、総代理店、総販売元

ポイント2　**価格交渉で簡単に引き下がらない**

¥

↓

簡単に値引き交渉を受けない、最初からベスト価格を提示

ポイント3　**商品だけでなく自社のこともしっかりPRする**

↓

商品価値は企業姿勢を反映するものなので、自社のことも十分に説明して理解をいただく

までの一定期間のみとさせてください」など、こちらからも条件を出しましょう。単に「わかりました」では完全に下に見られますし、「当初の『50%』は何だったのか？　この会社はサバを読んでいる」と思われ、次回以降も同様の交渉になってしまいます。

商品だけでなく自社についてもＰＲする

新規商談の席で、印刷された会社概要を渡すだけで、自社の説明をおざなりに済ませるケースが見られます。早く商品を提案したいという、はやる気持ちもわかりますが、買い手からすると、商品以上に重要なのが「どんな会社か」です。売れそうな商品を持っているかも、もちろん大事ですが、相手が大手であるほど、安心・安全が担保された商品を提供してくれる会社かどうかを見られます。商談時間が30分だとしたら、15分以上を会社の実績や現状、培ってきた技術の説明に費やしてもいいほど重要です。

採用確率の向上策 10

展示会で新規取引を増やすために準備しておくべきこと

「展示会に出展しても、なかなか新規の取引につながらない」という相談が多く寄せられますが、そういった企業に共通しているのが次の点です。

・実績のある商材があるのになぜか出展していない
・主催者側から求められる商材の傾向が告知されていたにもかかわらず、合いそうな商品を出展していない
・商品のストーリー性や希少性をＰＲできていない
・商品紹介のパンフレットを切らしていた
・宅配やギフト対応できる点をＰＲしていない
・卸価格が明確でない

要するに「出展に際しての事前準備不足」です。

何よりも大事なのは、どのような企業と取引拡大できればいいかを事前に明確にし、それら企業のバイヤーやマーチャンダイザーが、商品以外のどの点に注目するのかを理解し、それにどう準備ができるかです。左ページにまとめた5つの点をクリアすれば、自ずと取引成立への確率は高まります。

展示会後すぐに連絡するためにも事前準備が大切

展示会終了後には、名刺交換をした方にメールや電話でコンタクトをとることでしょう。重要なのは、そのスピードです。連絡を入れるまでに日を置くと、来場者は出展者以上に多くの会社と名刺交換しているため、忘れられてしまいます。理想は、展示会終了後の翌営業日から3日以内。1週間や10日もすると、バイヤー側の熱が冷めますし、同業他社に先んじられている可能性もあります。展示会後に対応スピードが出せる営業活動体制を、展示会前から整えておくことが大事です。そうでないと、出展し、名刺交換をした努力が水の泡となります。

展示会出展で準備しておくべき５つのこと

1 どんな企業に売ってもらいたいのか、ターゲット企業を明確にしておく

- 百貨店系
- 大手流通系
- ネットなどの通販系
- 実店舗販売系　など

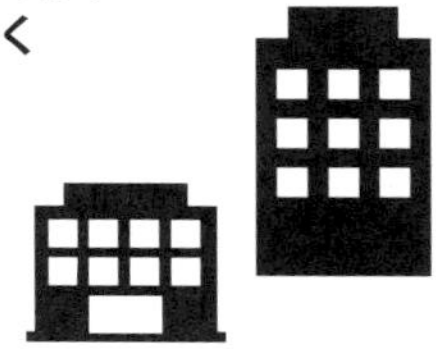

2 商品のよさを伝える

- ストーリーや希少性を表現したパンフ（切らさないように多めに）
- 食品であれば試食の用意も

3 企業のよさを伝える

- 概要だけでなく企業姿勢まで記載したパンフやＰＯＰ

4 体制のよさを伝える

- 宅配出荷体制、受発注体制がしっかりできることが目で見てわかるようなパンフやＰＯＰ

5 価格を明確に伝える

- 基本的な参考上代や卸価格が記されたパンフ（個別の取引条件等で、多少変動する可能性もあることは明記しておく）

バイヤーやマーチャンダイザーが、展示会で商品以外に注目する点

①どんな企業なのか？
②体制はしっかりしているのか？
③売れて儲かりそうなのか？

これらを後日ではなく、その場で８割程度は判断したい

1年で取引額を4億円から8億円に倍増させた中小商社のメーカーポジション戦略

株式会社エス・ワールド（大阪市中央区）

エス・ワールドは輸入雑貨・家具と食品を主に取り扱う商社です。グルメ商材ではカニを中心とした水産品が主力で、中元・歳暮用ギフト商品も手掛けています。さらなる売上拡大を目指し、私のもとに社長が相談に訪れました。

取引先の総合通販会社A社は売上1000億円超の大手で、すでに4億円ほどの取引があるとのこと。さらにA社との取引額を増やすべく、商品幅を広げる戦略を立てました。と言っても、単に商材数を大幅に増やすのではなく、扱う商品すべてにおいてメーカーの協力を仰ぎ、他で売られていないオリジナル企画を生み出しました。全商品でメーカー的なポジションをとることで価格競争力が高まり、A社の利益も確保できました。この戦略によって、10品ほどだった取引は60品へと6倍に増加。それはA社が扱う食品の9割を占め、取引額はわずか半年で4億円から8億円へと倍増。この実績をもとに、それら商品をギフト化する準備を進めています。

エス・ワールドは従来からメーカー的なポジションを模索し、確立させています。主力商材のカニでは、原料買い付けから加工、物流出荷まで扱い、安納芋は種子島の農場に出資して自社ブランド化し、日本でトップクラスの量を出荷。雑貨・家具は海外メーカーに製造を発注し、福岡の専門部隊が営業を担っています。6次化を川下から〝逆流〟で行ない、今では年商20億円を超え、成長を続けています。

原料買い付けも行なう
自社ブランド化させたカニ商材

自社契約農場で栽培している
安納芋事業

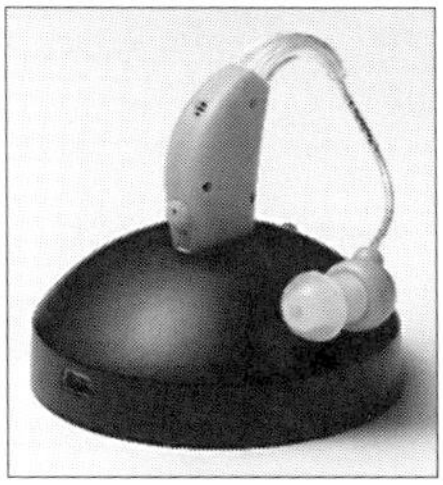

雑貨事業も展開

あとがき

本書を読まれたビジネスパーソンの方へ

現時点で知る限り、私は日本で唯一の、ギフト通販ビジネスの専門コンサルタントです。

これまで数えきれないほど、ギフトおよび通販ビジネスの現場に関わってきました。その中で出会った経営者やビジネスパーソンの方々は、事業規模の違いはあれど、皆一様に「もっと売上を上げたい」「できるだけ多くの利益を確保したい」という共通の悩み・達成したい目標を語っておられました。ビジネスの世界に生きる者にとって、「どんなにいい商品、いいサービスであっても、売れなければ意味がない」と誰もが思っているということです。

売れるとは、お客様や取引先に価値を認めてもらい、支持されることです。さらに支持され続けることで売上も利益も大きくなっていく単純な構図です。そこに至るまでのプロセスは複雑であったり、道のりが遠く時間がかかったり、トライ&エラーを繰り返したりもしますが、シンプルに言えば「売れる」×「支持され続ける」＝「儲かる」となります。

本業の事業規模の大小や、商材の違い、もともと持っているリソースの違いによっても、進め方、やり方は当然変わります。１００社あれば１００通りのやり方があります。私のクライアントでも、それぞれの企業や商材の独自性や個性を強くしながら、通販年商が1億円未満の会社に対しては、売上3倍・利益10倍となるように進めていますし、通販を一から新たな柱に育てたいという企業では、ステップを踏みながら1億、5億、10億と目指すようにと、各企業の目線に合わせながら進めています。ですが、ギフトを通販で売ることへのベースにしていただきたいことは、本書に書いた通りです。

本書は、私独自の見解から、通販でギフトを売ることをテーマ別に体系化しました。あなたの会社の通販事業が発展するために、本書が少しでもお役に立てば幸いです。

末筆ながら、多くの経験の場をくださった前職時代の諸先輩方、当時のお取引先の皆さま、独立後一番にお声掛けくださった佐々木悠輔氏、ともに考え、行動してきたクライアント企業の皆さま、コンサルタントとしてのあり方をご指導をくださった五藤万晶氏、本書出版に際しての機会とご尽力をくださった竹並治子氏、私に通販ビジネスの実務と心得を徹底的に仕込んでいただいた一生の師、田中靖弘氏。皆さまのお力添えとご指導なしでは、本書の出版はあり得ませんでした。この場をお借りし、心より厚く感謝を申し上げます。

平成31年2月吉日

売れるギフト通販研究所主宰、ソーノカスタマーマーケティング株式会社代表取締役　園　和弘

著者略歴

園　和弘（その　かずひろ）

売れるギフト通販研究所主宰
ソーノカスタマーマーケティング株式会社代表取締役

日本で唯一のギフト通販コンサルタント。通販業界～ギフト業界で通算25年以上のキャリアを持ち、ギフトや通販の商品開発、事業企画などを数多く手掛ける。そこで培った実務ノウハウを全国中小企業の発展に役立てたいという思いから、2015年に独立。主に年商3億～300億円規模の中堅・中小企業に通販事業のコンサルティングを行ない、ギフト商品開発から戦略立案、販売の仕組み構築などの指導・支援で幾多のクライアントを成功・成長に導く。2017年にはギフト通販専門のコンサルティング機関「売れるギフト通販研究所」を設立。「強い商品力こそが事業成功のすべての源」という信念を持ち、企業が持っている眠れる資産の活用や、限られたリソースからでも最大限に売上利益を生み出す、独自商品を開発する指導を最も得意とする。机上の空論ではない、本物の実務からの具体的指導が多くの経営者から高い評価を得ている。

「ギフト商品」を通販で売る

売上3倍・利益10倍に伸ばす戦略

2019年 2 月28 日初版発行

著　者 ——— 園 和弘

発行者 ——— 中島治久

発行所 ——— 同文舘出版株式会社

東京都千代田区神田神保町 1-41　〒101-0051
電話　営業 03（3294）1801　編集 03（3294）1802
振替 00100-8-42935

ISBN978-4-495-54022-7
印刷／製本：三美印刷
Printed in Japan 2019